START YOUR KITCHEN CAR

小さな人気店をつくる!

移動販売のはじめ方

平山晋 著
キッチンカーズライフ・アイドゥ代表

同文舘出版

はじめに

みなさんは「移動販売」という言葉を聞いて、どんな商売、どんな仕事を思い浮かべるでしょうか?

・誰かに食べてもらいたい料理を自分がつくりたいようにつくって
・自分の大好きな世界を思いっきり表現したキッチンカーという〝お店〟に乗せて
・車の機動力を活かして、喜んでもらえる人たちの元へこちらから出向き
・その場で仕上げたつくりたての料理を楽しんでもらえる

自分が日々生きている移動販売の魅力や可能性を、私はそんなところに感じています。

お客さんに対して、「食べてくれて、買ってくれてありがとう」と思うのですが、出店した先々で「来てくれてありがとう」「おいしかったよ、ありがとう」と感謝されることも多い仕事です。厳しい面もあるけれど、喜びも多い。楽ではないけれどたくさんの楽しさも感じられる仕事です。私たちにとって移動販売（キッチンカーズ）は収益をあげるためのビジネスではありますが、収益をも包み込む、人生そのものと言ってもいいかもしれません。

移動販売をはじめたい方はもちろん、「移動販売ってどんなもの?」と興味を持った方にもこの本を開いていただけると嬉しいです。

原稿を書くにあたっては、同文舘出版の竹並さんが客観的な視点からやさしく丁寧に導いてくださいました。ありがとうございます。また、自分1人で経験できることは限られています。これまで出会った移動販売の友人たち、とりわけ、いつも惜しみない協力をしてくれ、本書の執筆にあたっても喜んでありのままの情報を提供してくれたキッチンカーズの仲間たちに深く感謝します。ありがとう。

CONTENTS

小さな人気店をつくる！ 移動販売のはじめ方

Part 2 移動販売ってどんな商い?

Part 3

開業までのステップを知って コンセプトを考えよう

Part 4

喜ばれて売れる！移動販売的商品をつくろう

Part 5

大切な相棒、キッチンカーをつくろう

Part 6

自分が活きる出店場所を獲得して育てよう

Part 7

お金の流れを知って開業計画を立てよう

Part 8

動いた先がお店になる、現場で売上をつくろう

Part 9
出店場所を育てよう！ ファンが増えるちょっとしたコツ

Part 10 売上が伸び悩んだらどうする？ リニューアルのヒント

カバーデザイン 高橋明香（おかっぱ製作所）
本文デザイン・DTP 新田由起子・川野有佐（ムーブ）

楽しい移動販売ライフをはじめよう

Part 1

01

移動販売は今、こんな場所で活躍している

さまざまな場所で活躍する移動販売

今、移動販売はさまざまな場所で活躍しています。

よく知られているところでは、スーパーマーケットやショッピングモールなどの商業施設内、駅前、商店街の一角などの私有地、ランチ需要のあるオフィス街などがあります。

また、スタジアム・音楽フェスなどのイベント、地域のコミュニティーイベント、行政が主催する自治体のお祭りなど大小さまざまなイベントでも、移動販売は〝食を担う〟という欠かせない存在になっています。各都道府県の公園、アミューズメント施設でも、食の足りないところへ移動販売が出店しています。

既存のよく知られた移動販売の出店場所の中には、飽和状態、あるいは衰退期に入ってしまったかのように見えるマーケットもあります。

その一方で、移動販売の認知度が高まったことで新しく開拓されているマーケットもあり、活躍の場は広がりをみせています。

移動販売の新しい活躍の場

最近では、撮影現場などで、スタッフや出演者の食事をケータリングという形で移動販売が担うこともあります。

また、住宅展示場、カーディーラーなどのイベントで、お客様サービスの一環として移動販売がよばれることもあります。

さらには、固定店舗の商売が成り立たない過疎の限界集落や災害支援の場、福祉施設など、社会的に必要とされる場所で移動販売の力が活かされることもあります。

どこへでも動けるという移動販売の機動力があれば、活躍の場はまだまだ開拓されていくのではないでしょうか。

オフィス街やイベントなど、さまざまな場所で活躍

工場・学校・企業などの昼食を移動販売が担っている

フリーマーケットやマルシェ、クラフト市などには小さな手づくり料理の移動販売がよく似合う

ビジネスマンの多いオフィス街のランチに、移動販売がつくりたての料理を届ける

野球・サッカー・コンサートなど、スタジアムには〝スタメシ〟移動販売が立ち並ぶ

昔ながらの露天が並ぶ大きなお祭りだけでなく、小さなお祭にも「食」という楽しみは欠かせない

商業施設の店頭にかわいい車。オシャレなキッチンカーが増えつつある

02 経験、得意なことを活かせるのが移動販売

車1台という小さな商いではあっても、移動販売では、他の商売と同様にさまざまな能力が必要となります。言い換えれば、それまで経験してきた仕事や、自分が得意なことが活かせる部分が必ずあり、それによって自分らしさを発揮できるのが移動販売とも言えるでしょう。

●活かせる経験は調理だけではない

調理の経験を活かして移動販売に参入する人はたくさんいますが、活かせる経験はそれだけではありません。

営業畑の人は、移動販売で最大の肝と言ってもいい「出店場所の獲得」において、それまでの営業経験が大きく活きます。

販売経験の豊富さも、移動販売では強みとなります。移動販売をやっている方の中には、「この仕事は飲食業というよりは小売業」と捉える人もいるくらいで、接客販売する中でお客さんとコミュニケーションをとることが得意な人は、移動販売という仕事に向いています。

また、車をいじったり工作が得意な人は、キッチンカーを自分でつくったり、開業後は自分で使いやすいように改良したり、イベント出店の売上を大きく左右する外装づくりという点で、自身の経験や得意なことを発揮できるでしょう。

●印刷業の経験をたこ焼きの移動販売に活かす

たこ焼きの移動販売「タコキュー」は印刷屋さんでもあります。印刷屋さんの業績が悪化した時に、自分ができそうなこととして、移動販売に参入しました。調理の経験はなかったものの、印刷業の経験がPOP印刷、懸垂幕や看板など外部の装飾全般や、チラシやニュースレターなどに思う存分活かされています。

移動販売という仕事のどこかに、経験・強みを活かせる部分がある

手羽元の酸っぱい酢一ぷ

夏に食べたいポトフ

「まほうのすうぷ屋」村井さんは、料理人出身。自分がつくった料理を食べて喜んでもらうのが大好きで、お母さんが家族の献立を考えるようにスープを生み出している

印刷屋さんでもあるので、メニューポップから看板まで、思ったものをすぐに好きなようにかたちにできる

「タコキュー」の辻さんは料理の経験はゼロ。ですが、印刷屋さんでもある辻さんのアイデアは、お店の看板からメニュー、出店先への提案書まで、すぐにツールになって現場に活かされる。朝、思いついたものが午後にはツールになっている。このスピード感が「タコキュー」の強み

03

お店がそのまま行けるのが移動販売の魅力

●「お店が来てくれる」ことが喜ばれる

商品だけを届けるのはなく、料理人だけが行くのではなく、店舗となる車で、商品である料理を、つくって売る人が運ぶ、いわば「お店がそのまま行ける」のが、固定店舗ともデリバリーともお弁当とも違う移動販売の魅力です。

福祉施設など、なかなか自由に外出できない人たちのところへよばれることがありますが、そんな時に頼まれるのが、「料理をその場で出すだけじゃなくて、いつも営業しているようにお店をつくってほしいんです」ということ。普段はお店に連れ立って行くことができないからこそ、「買って食べる体験をしてほしい」というのが理由です。

これは、商品もお店も人も、そのまま動いている移動販売だからできること。

いつものお店で、いつもの料理を、いつものつくりたてで喜んでもらえるのです。

自分たちは変わらずいつものことをやっているだけでも、それをとても喜んでくれる人たちがいて、自分たちは移動販売の機動力を活かしてそこへ行くことができる移動販売の魅力であり可能性です。

限界集落や被災地など、固定店舗が採算上出店しにくい場所へ、日常品や生鮮食品を積んで出向く移動コンビニや移動スーパーも増えてきました。これらの移動販売は日常になくてはならないものを届ける移動販売です。

一方、キッチンカーの中にも、週1回や月1回という頻度で、このように固定の店舗がなかなか成り立たない場所へ出店している人がいます。このような移動販売は、商品だけを運んでいるわけではありません。人とつくりたての料理とデコレーションされた車、お店がそのまま行く、ということで喜ばれます。ちょっとした非日常を届ける移動販売たちです。

デリバリー、お弁当との違い

デリバリー

つくった料理を運ぶ

お弁当

積み上げて販売

移動販売（キッチンカー）

お店ごと移動してその場で調理

人＋料理＋お店
＝いつもの価値（つくりたて）をそのまま提供できる

04

少ない資金で小さくはじめられる

●初期投資が少ない

固定の店舗で開業をしたかったけれど、資金が足りなかったので移動販売という選択肢を考えた、という人はたくさんいます。数十万円から数百万円でキッチンカーというお店を持てば、商売がはじめられます。千万単位の初期投資が普通の固定店舗に比べれば、初期投資をおさえて開業できるのが移動販売です。

●立地を移動できる。撤退時のリスクがない

もし、より売れる立地があれば移動できる、というのが移動販売の大きなメリットです。

手順を踏めば、今までの場所を撤退する際に違約金や原状復帰費用など金銭的なリスクが発生しないということも、商いを続けていく上での大きなメリットと言えます。

●家賃が固定費ではなく変動費である

出店料という移動販売にとっての家賃は、多くの場合、出店した日だけに発生します。店舗であれば、営業してもしなくても固定費として発生する家賃が変動費であることは、特に売上の安定しない立ち上げ時に商いを続けていく強みになっています。

●1人でできる。効率がよい

座席に座ってもらって料理を提供する飲食店であれば、2人～3人でないと回らない食数を、多くの移動販売が1人で回しています。ほとんどの場合、テーブルと椅子といった食べる環境は提供せず、使い捨て容器で商品（料理）を提供するテイクアウト型です。この効率のよさは、ビジネスの視点から見た時の大きな武器と言えるでしょう。

固定店舗に比べて移動販売はこんなに身軽

1 初期投資が少ない

開業資金は数十万円から数百万円。千万円単位の初期投資が普通の固定店舗に比べると、初期投資を格段に押さえることができる

2 立地を移動できる。撤退時のリスクがない

好立地があれば、移動できる。現在の場所を撤退する際に、違約金や原状復帰など金銭面でのリスクが発生しない

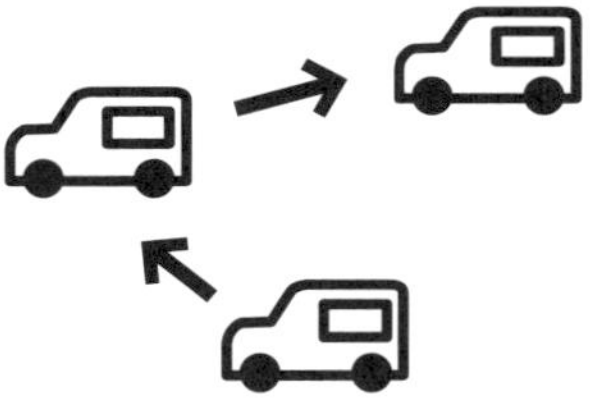

3 家賃が固定費ではなく変動費

固定店舗で発生する家賃は、毎月額が決まった「固定費」。移動販売の出店料は、出店した日だけ発生する「変動費」

4 1人で仕事を回せる

固定店舗では通常、2人〜3人のスタッフが必要なところを、移動販売だと1人でできて効率的

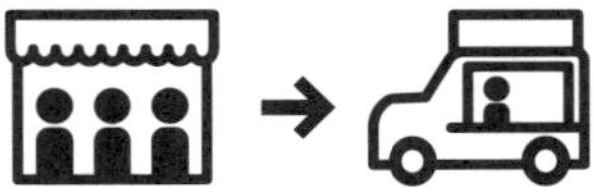

05

副業や週末起業としてはじめてもＯＫ

移動販売は、今の仕事を続けながら、あるいは、もうひとつ仕事を持って、副業や週末起業としてはじめやすい仕事です。初期投資・固定費が少ないことから、「退路を断って移動販売にすべてを賭ける」と構える必要がなく、小さくはじめて徐々に育てていきやすい商いなのです。

●副業からはじめられる

詳しくはＰａｒｔ６でお伝えしますが、移動販売で開業する際の最大のネックは、出店場所の確保。開業当初に週に５～６日の出店場所を確保できる人はごく稀です。

もうひとつの収入源を持ちながら移動販売をはじめることで、目先の収益だけにとらわれることなく、余裕を持ってじっくり立ち上げることができます。

週に1回の出店からはじめて、出店できる曜日を１日ずつ増やしていき、「本業でいける」という手応えをつかんで移動販売一本に移行することも可能です。

店舗であれば家賃が1ヶ月の固定費としてかかるので、週に1日だけ営業というわけにはいきませんが、先述したように、移動販売ではほとんどの場合、出店料は出店した日にだけ発生する変動費になります。ですから、まずは副業としてはじめて、その後、少しずつ育てていくことも可能になるのです。

●週末起業ではじめる時は

当初、週末中心に営業をする場合は、単発のイベント出店が中心になるかもしれません。

インパクトや対応力でその日の売上を勝ち取っていく単発のイベント出店と、お客さんたちとの関係をつないでいく通常出店とでは、喜ばれる料理や適した売り方に違いがありますので、いずれ本業に移行するのが目標であれば、早いうちに平日の出店日を１日でもつくるとよいでしょう。

副業ではじめるメリット・デメリット

メリット

目先の収益にとらわれなくていい。今日の稼ぎを得るために納得できない商品を出さなくてもいい。稼働日を徐々に増やしていける

デメリット

移動販売にエネルギーを集中できない。食材の管理が難しい。一度、食材を仕込んでしまうと、ロスの問題が発生する

別の収入源を確保しながら移動販売をはじめた例

▶「まほうのすうぷ屋」村井さん

レストラン勤務 → 移動販売専業

▶「ぎんじろう」川口さん

平日はラーメン店勤務 → 週末は移動販売

06 出店場所もアイテムも柔軟に変えていける

人の多いところに攻めていける、ということが大きな特徴として語られることの多い移動販売ですが、撤退時のリスクが低い、あるいはほとんどない、というのも移動販売の特徴です。

●出店場所は何度か変わるのが一般的

はじめて出店した場所で、そのまま商売が軌道に乗って今に至る、つまり、「どこにも移動したことがない」というケースはほとんどないでしょう。

今は順調に商売が成り立っている移動販売でも、多くの撤退の経験を持っているのが一般的です。撤退時に原状回復などのお金がかかるわけでもなく、撤退したお店は機材などもすべてそのままに次の場所に出店できます。固定の店舗と移動販売とでは、ひとつの場所を撤退する時のハードルが大きく違うのです。その反面、撤退しなければならない状況に追い込まれやすいのも事実です。

移動販売は、すべてをかけてその場所に出店し、失敗したら廃業する、という商売ではありません。がんばってダメなら撤退し、何度でもチャレンジする、チャレンジできるのが大きな特徴です。

●場所を変えたら売上が3倍に

ひとつの撤退と新規出店が契機になって、売上が倍増した、あるいは一気に商売が立ち上がることはよくある話です。

たこ焼きの移動販売「春夏冬《あきない》」は、ある商業施設からの撤退を契機に、以前から声を掛けられていた別の場所に新規に出店するようになり、売上が3倍になった経験を持ちます。

「商品も接客も自分がやってることは何にも変わらないのに……」。週のうち何日かではあっても、その撤退・新規出店が商いを軌道に乗せるターニングポイントだった、と春夏冬は振り返ります。

何度でもチャレンジできるのが移動販売のよさ

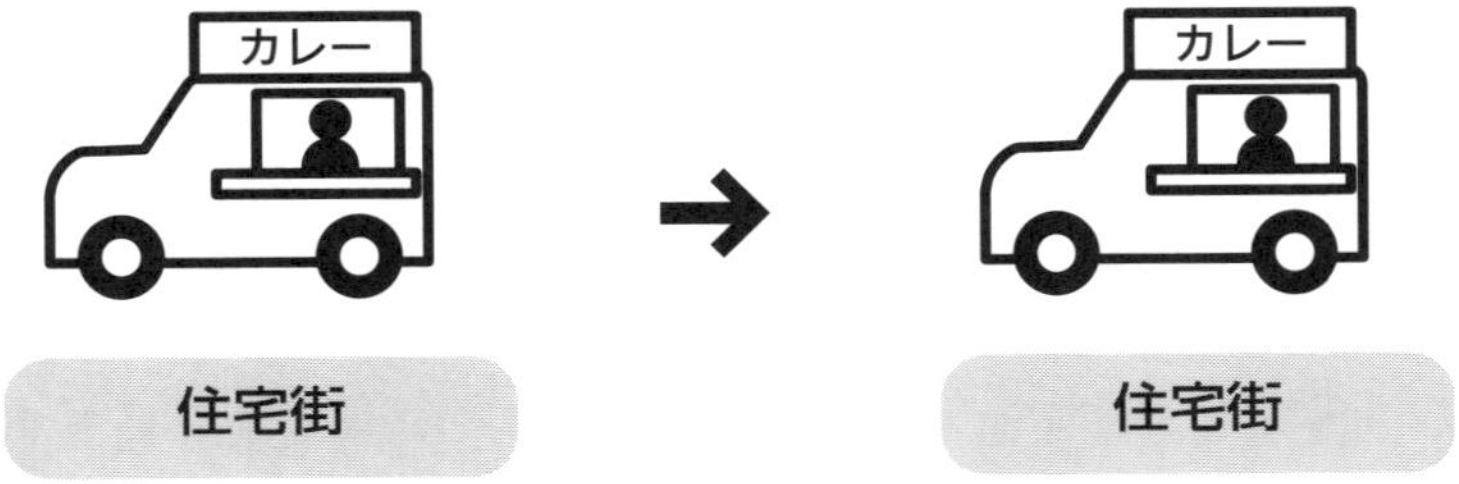

出店場所・商品をいずれも変えずに
商売を続けるケースは少ない

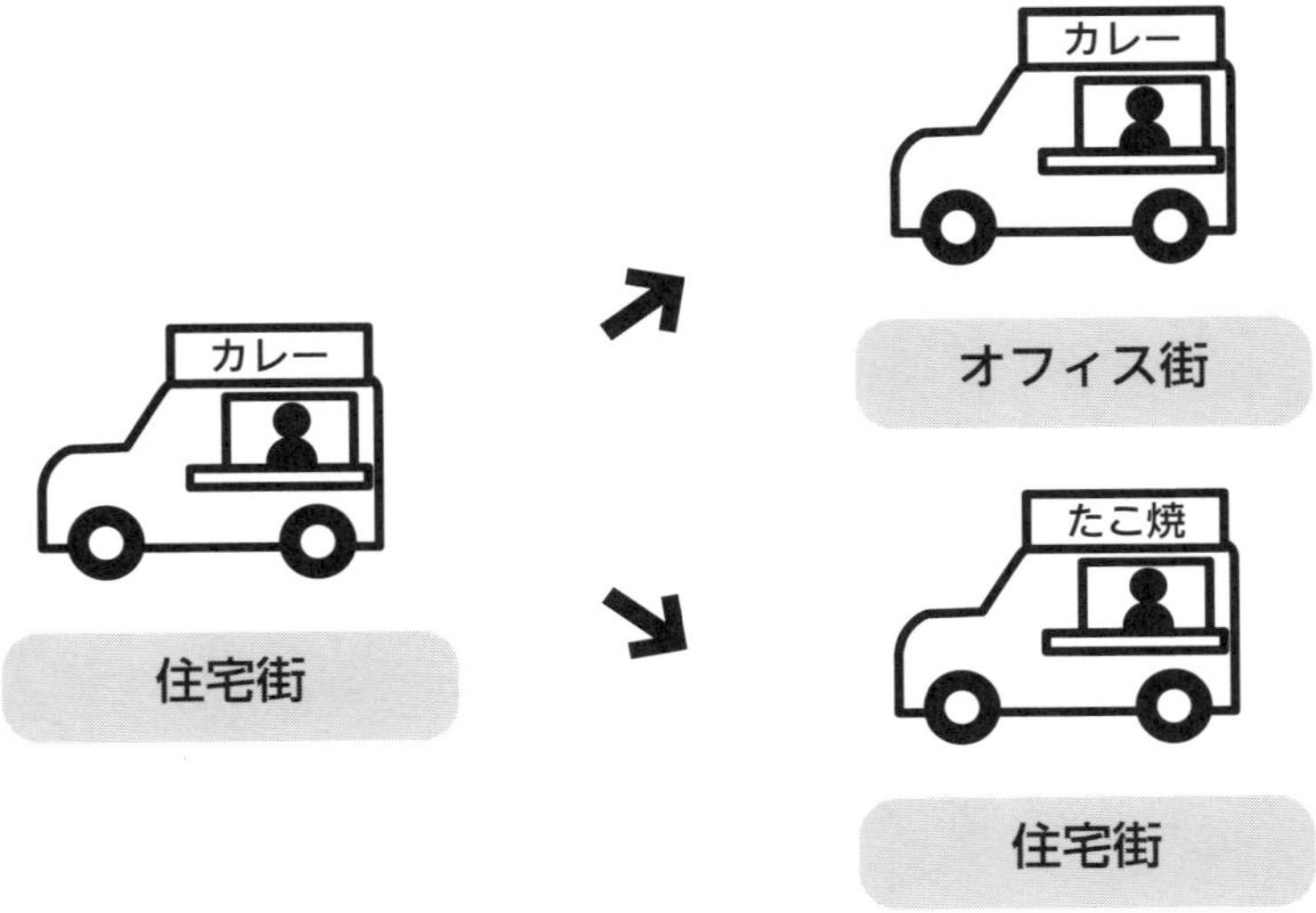

開業時の出店場所・商品いずれか（いずれも）が
変わっているケースがほとんど

07

こんな人は移動販売をやってみたらいい

●とにかく自分で商売をはじめて学びたい人

軽自動車1台ではじめられる移動販売は、規模はとても小さい商売ですが、その中に商売のいろんな要素が詰まっています。お店で売上をつくっていく「販売」の要素だけでなく、売れる場所を獲得する「営業」の要素。

主に自店の料理を食べてもらうお客さんを相手にした商売ですが、出店先に自店を売り込む要素もあります。

また、通常の出店が飲食業の延長にあるならば、数を捌いて売上をつくるイベントは小売業に近いかもしれません。どちらの要素が強い現場もあり、それぞれの現場を1台の移動販売車で1人で経験できます。

●自分がつくったもので誰かに喜んでほしい

自分がつくりたいものを、自分がつくりたいようにつくって、一生懸命に売るのが移動販売です。みんなに食べてほしい料理がある。自分が考えて自分でつくったものが誰かに喜ばれて売上になり、収入につながります。そこに魅力を感じる人にとって、移動販売はとても楽しい仕事です。

●固定の店舗を持ちたいけど資金が足りない

資金内で安く固定店舗をはじめるか？　移動販売ではじめるか？　こうした選択もいいと思います。車1台ではじめられるので、店舗での営業にチャレンジする前に経験を積む場と考えてみるといいでしょう。

ただし、移動販売と固定の店舗では商売のルールや必要な能力が異なる部分も多いので、いずれは固定の店舗を持ちたいという場合は、移動販売からはじめても、固定店舗に準じたスタイルで営業していったほうがよいでしょう。

小さいけれど商売のことがいろいろ学べる

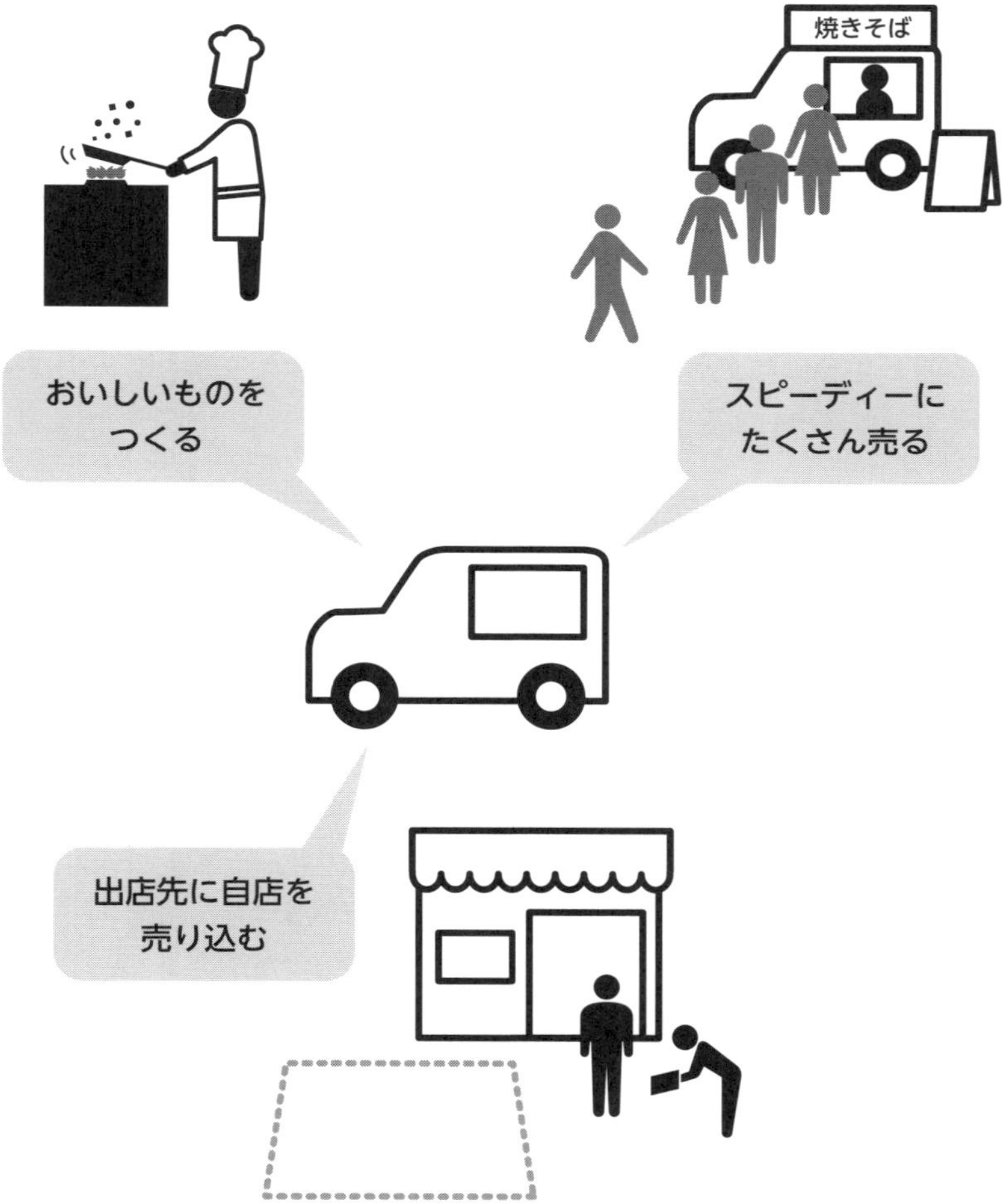

Column

移動販売とキッチンカー

移動できる車を使って商品を販売する「移動販売」には、移動コンビニや移動スーパーのように生鮮や日常雑貨を販売するもの、灯油などを巡回販売するものなどさまざまあります。

車を使って販売するという点では同じジャンルですが、キッチンカーの移動販売とは何が違うのでしょうか？

キッチンカーはどんなに小さくても四方が囲まれていて、冷蔵・保冷設備を備え、給排水のタンクを積んで衛生面を補完していますから、機動力を備えた「動く飲食店」と言えるでしょう。

と、自分たちは認識していますが、地方に行くほど「露天商・テキヤ」のくくりで捉えられがちです。

それでも、首都圏では飲食店の延長として認知されつつあります。

ひとつの契機は、ランチ系移動販売の台頭です。

以前は、キッチンカーが扱う主なアイテムは焼き鳥やたこ焼きなど、テキヤと同じものが多かったのですが、首都圏でランチ系移動販売が台頭したことによって、「飲食店の延長線上」という認識が広まりました。

それと同時に、さまざまなイベントの中で食を担う存在として移動販売は欠かせない存在になっていきました。近年はイベントの食を担うだけでなく、移動販売が食イベントを担う機会も増えています。

「ランチ」と「イベント」、２つの分野で出店機会が増えていることで、キッチンカーの認知度が高まっています。

移動販売ってどんな商い？

Part 2

01

2つの出店スタイル、「イベント出店」と「通常出店」

移動販売には、地域のお祭りや野外フェスなどに出店する「イベント出店」と、特定の曜日に特定の場所に出店する「通常出店」とがあります。イベント出店が、その日に照準を合わせて売上を〝狩り〟に行くようなスタイルであるのに対して、通常出店は日々、お客さんとの関係を〝育んでいく〟ようなものです。多くの人がこの「狩り場」と「育み場」を行き交いながら、移動販売ライフを送っています。

イベント出店で目標売上に照準を合わせた時のワクワクした高揚感。通常出店で日々自分の料理を買ってくれるお客さんとのつながりから生まれる喜び。どちらにも移動販売の魅力がありますが、大切とされること、重視されることに違いがあります。

●イベント出店と通常出店の違い

たとえば、行列。通常出店の現場で行列が長く途切れないお店は、固定店舗と同じように「繁盛店」という評価になります。

一方、イベント出店ではどうでしょう？大きなイベントになるほど、主催者が望むのはイベント全体の賑わいであり、人がスムーズに流れることです。そこに1店だけ長い行列ができて、人が滞留していたら、「並ばせてお客さんに迷惑をかけた」という評価を受けることになります。

イベント出店においては、実際においしいことも大切ですが、それ以上にスピードや、パッと見て目立つインパクトを求められることが少なくありません。一方の通常出店では、スピードやインパクト以上に、料理がおいしいことが繁盛を続ける大原則です。

ただ、イベントといえども、その多くは年に1回、シーズンごとに1回などと続いていくものであり、イベントを「毎年1回巡ってくる通常出店」と捉えるなら、「おいしさ」の優先順位は高くなると言えるでしょう。

通常出店とイベント出店、どちらにも魅力がある

通常出店の例

「炙り屋」郊外のランチ現場

「COCO-agepan」都内ショップ通り

「sweets 和甘」スポーツ施設前

通常出店の行列は
人気のバロメーター

大小イベント出店の例

山中手づくりクラフト市

自治会の夏祭り

スポーツスタジアム

イベント出店の
長すぎる行列はＮＧ

02 「ランチ系アイテム」と「軽食系アイテム」がある

ランチ系のアイテムを選ぶか？　軽食系のアイテムを選ぶか？　これにより、通常出店における適した出店場所や営業時間が違います。

主力アイテムと相性のよいスポットに出店することは、商いを立ち上げる上での大きなポイントになります。アイテムと出店場所にミスマッチがあっては、その場所にどれほど人の流れがあっても売れません。

●ランチ系の特徴

ランチ系移動販売とは、カレーや丼物など、主にランチ需要を満たすアイテムを扱う移動販売で、オフィス街や学校、工場の敷地内などが代表的な出店場所です。ランチ需要のあるところ、昼食を食べるために人が外に出てきて流れがあるところに出店します。

販売のピークはお昼前から長くても14時くらいまで。販売が終わってからの仕込みに時間をかける傾向があります。

●軽食系の特徴

軽食系移動販売とは、クレープやたこ焼きなど、主に小腹を満たすアイテムを扱う移動販売で、カフェなどもこちらのグループに入ります。ショッピングセンターなど商業施設の店頭や駅前、公園などが代表的な出店場所で、持ち帰る需要のあるところ、比較的ゆったりと時間が流れるところに適しています。

販売のピークは昼食需要が終わり、夕方近くになってからの場所が多いでしょう。そのためランチ系アイテムに比べて営業時間が長く、夜まで営業をしている移動販売がほとんどです。夕方から夜にかけて出店している移動販売もいます。

イベントでは、通常出店時にはあまり接点のないランチ系移動販売と軽食系移動販売が一緒になります。ここでも時間帯によって、各アイテムが自店に適した需要を満たしています。

アイテムのバリエーションは豊富

ランチ系アイテム

舌平目のソテー丼

タイレッドカレー

オムライス

タコライス
ガパオ
ハヤシライス
ロコモコ
焼き肉丼
ジャンバラヤ
ナシゴレン
パエリヤ
キーマカレー
麻婆丼
チキンオーバーライス
⋮

軽食系アイテム

たい焼き

クレープ

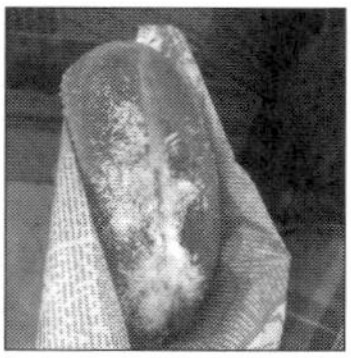
揚げパン

たこ焼き
パンダ焼き
カフェ
ジェラート
ドーナツ
タコス
フレンチトースト
パンケーキ
⋮

昔からある、たこ焼き・クレープ・焼き鳥といったアイテムに限らず、今ではB級グルメや各国料理・ご当地料理など、あらゆる料理が移動販売にもある

03

「買い取り出店」というスタイル

●売上が保証されたリスクのない出店

通常出店、イベント出店のほかに、「買い取り」と言われる出店スタイルがあります。

これは、あらかじめ決められた数の商品を買い取ってもらって、現場ではお金のやり取りはせず、来店したお客さんたちに商品を配る、という出店スタイルです。

企業が自社の顧客サービスとしてキッチンカーをよんだり、自治会が住民サービスの一環としてお祭りでキッチンカーの商品をふるまうこともあります。

具体的な出店モデルとしては、カーディーラー、携帯ショップ、住宅展示場などが、イベント時にキッチンカーをよび、折込みチラシで告知して、来店客への特典として配布する（あるいは安価で販売する）といったものが一般的です。

売上が保証されているので、こちらにとってはリスクのない出店になり、開業当初に買い取り出店が月に数回あると、その月の売上が安定します。

●買い取り出店クライアントのメリット

一方、移動販売をよぶ側からすると、商品を配布するための人員やテントなどの備品を自分たちで準備しなくてもよい、というメリットがあります。

さらに、仕入れ量はどれくらいか？　大量に残ってしまった場合のロスをどうするか？　といった心配をする必要もありません。移動販売をよぶことで、在庫リスクからも解放されるのです。

買い取りの仕事を獲りたい場合は、お客さんのサービスに適している点だけでなく、相手のリスクが減る、あるいはなくなることも提案するとよいでしょう。

買い取り出店というスタイルの認知度が広がっていることで、移動販売が活用される機会は増える傾向にあります。

買い取り現場の例

カーショップ買い取り出店例

地域防災イベントに協力し、汁物を配るキッチンカー

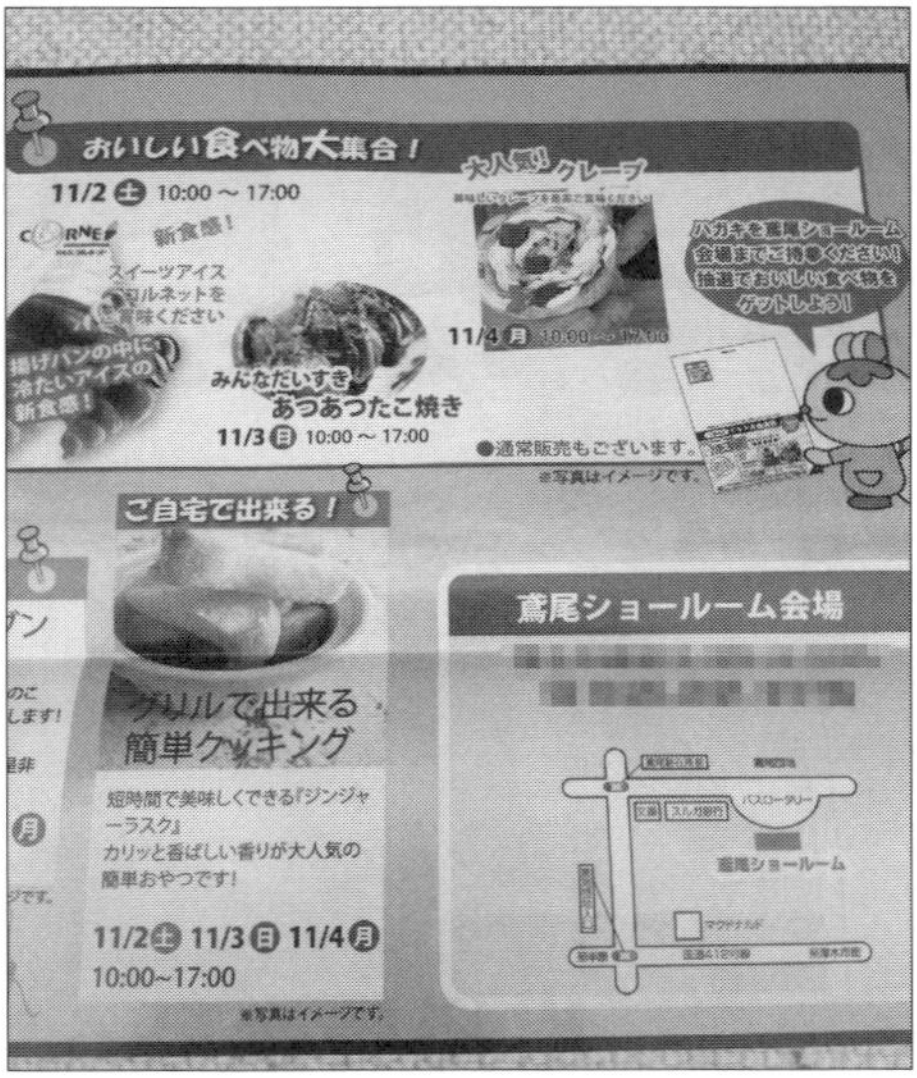

買い取りチラシ例

買い取り出店のよいところは、当日の売上が保証されているところ。一方で、いくつかの移動販売の中から選ばれて買ってもらう喜び、「おいしかった」と言ってもらえる喜びは減る

04 ケータリング的な出店スタイル

●キッチンカーのケータリングが増えている

パーティー会場や撮影現場などに食事を提供するケータリングも、キッチンカーが活躍できる場のひとつです。

キッチンカーがケータリングに行く魅力は、つくりたての料理が提供できること。

この出店スタイルは、提供数や販売額が前もって決まっているので、その日の売上が安定するというメリットがあります。先述した買い取り出店と同様の位置づけで、ランチ系アイテムにおける買い取り＝ケータリングとも言えます。

最近では、このような出店スタイルを積極的に開拓する移動販売も増えてきました。

仕出しの需要のある場所は、移動販売のケータリングでつくりたての料理が喜ばれる場所です。出店場所の営業をかける際に、このような可能性を頭に入れておくとよいと思います。

注文が入れば、通常出店の現場が終わった後に、ケータリングで料理を届ける移動販売もいます。

●ケータリング的発想を取り入れる

ケータリング的発想とは、「出店する場所で、前もって注文を取ることができないか？」と考えることです。

そうしたケータリングの発想を、別の出店場所に取り入れるのも有効です。

なかなか外に食事に出にくい方が多い福祉施設や、食堂がない企業敷地内や工場敷地内などで、このような出店スタイルを確立している移動販売もいます。

すべての売上を事前注文でまかなわなくても、部分的に取り込むのもいいでしょう。売上が伸び悩んでいる時には、この予約注文分が売上を下支えして、心のゆとりになります。

ケータリングを提案するチラシ

お野菜たっぷりスープと手作り料理の店

まほうのすうぷ屋

ランチケータリング

ご家庭でのホームパーティや会合などに
お手軽なケータリングランチはいかがでしょうか

メニュー例

煮込みハンバーグ、ライス、

サラダ、スープ、デザート

1人前￥1000

お子様用メニューも１人前￥600より
その他、オリジナルケーキもご用意できます。￥2000より

他のメニューは裏面をご覧いただき、その他、内容、ご予算はご相談ください。
基本的には 10 名様より承りますが、少人数の場合はメニューはお任せになります。

配送エリア　横浜市青葉区、都筑区、東京都大田区、世田谷区、目黒区
配送は午前11時前後、基本的には平日になります。（お時間の指定はできません）

電子レンジ対応の容器を使用しておりますので、
そのまま温めてお召し上がりいただけます。

お問い合わせは下記までお気軽にどうぞ。

まほうのすうぷ屋
〒[illegible]
[illegible]
TEL&FAX [illegible]
MAIL [illegible]
HP ADD [illegible]

移動販売にて営業しているため、一度メールでお問い合わせいただいたほうが確実です。

ケータリングにおいても、料理だけでなく、人だけでなく、「いつものお店をそのまま届けられる」のが移動販売の魅力。販売数があらかじめ決まっているので、ロスが出ないというメリットがあり、最近はケータリングに力を入れる移動販売も増えている

05 デリバリー（宅配）やお弁当との違い

●移動販売は事前にすべて仕込まない

1章でも少し触れましたが、デリバリーやお弁当と、キッチンカーを使った移動販売はどこが違うのでしょうか？　最大の違いは、移動販売は事前にすべてを仕込まないことです。

つくりはじめから完成まで、どこまでを仕込んでいくかは、選んだアイテムや各自の考え方で違いますが、最後の仕上げの工程を、お客さんの前でつくって〝魅せる〟のが移動販売です。

ハヤシライスや焼肉丼などランチ系アイテムであれば、8～9割の仕込みをしておいて、「熱々のスープやご飯をよそう」「肉を焼く」などの最後の工程はお客さんの目の前でつくって魅せます。たこ焼きやクレープなど軽食系移動販売であれば、材料を切ったり、生地をしこんだりと、1～2割は仕込みをしていきますが、そこから先の焼く、つくる、盛るという工程のほとんどをお客さんの前で魅せています。

どちらにしても、その料理の最終工程を、買って食べてくれるお客さんと向き合って、顔を合わせて、多くの場合は会話をしながら完結させて、最後は手渡しで受け取ってもらうスタイルです。

●最後の魅せ場はコミュニケーションの場

最後の工程をお客さんの前で魅せることのよさはどこにあるでしょうか。

ひとつは本当のつくりたてを提供できること。

さらに、料理の最終工程をお客さんの目の前で完成させるこの時間は、お客さんとのコミュニケーションの場でもあります。

この最後の工程をお客さんとの対面の場に残しておくことによって、移動販売は、デリバリーにもお弁当にもない喜びと豊かさをお客さんに感じてもらうことができるのです。

焼く、仕上げる、盛りつける――最後の工程はお客さんの前で

たこ焼き、たい焼き、クレープなどは材料の状態で現場に持っていき、「焼き」の工程から大部分を現場でつくる

カレーなどの料理も、現場でよそう工程は移動販売では欠かせない。風味を活かしたいものなども、現場で最後の仕上げをする

06 移動販売もリピート商売

●通常出店の8～9割はリピーター

移動販売というと、人が多くて売れそうなところへ出向いていき、フリーのお客さんの衝動買いで成り立っている商売、というイメージを持つ人も少なくないと思いますが、実際は違います。

通常出店なら、売上の8～9割は繰り返し買ってくれるリピーターによってもたらされているのが一般的です。

ですから、通常出店で商売を続けていく上では、「商品がおいしいこと」は大前提になります。おいしいだけでは売れない、ということも確かですが、おいしくなければ続きません。

単価の低い商売ですから、売り方の工夫で瞬間的に売上を上げることも不可能ではありません。しかし、通常出店でそれが続くことはありません。食べればわかってしまいます。

何度も繰り返し料理を食べてくれるお客さんによって、移動販売は成り立っているのです。

●イベントも毎年の繰り返しの積み重ね

イベント出店は、「その日だけのフリーのお客さんにどれだけ選んでもらえるか」が大切なので、その意味ではその日限りの商売とも言えます。

ただ、イベント出店も、毎年同じイベントに出店し、出店するイベントの数が増えていって積み重なることで、商売が安定します。毎年、出店できるイベントを探し回っていたのでは、いつまでたっても安定した売上を得られません。イベント出店も毎年同じ場所に繰り返し出店すること、出店依頼のリピートが大切です。

現場のお客さんのリピート、移動販売を必要とする依頼主からのリピート、この両方向からのリピートが移動販売の商売を安定させてくれます。

移動販売を支える２つのリピート

お客さんのリピート

通常出店ではお客さんの８～９割は繰り返し食べてくれるリピーター。売り方が上手なだけでは続かない

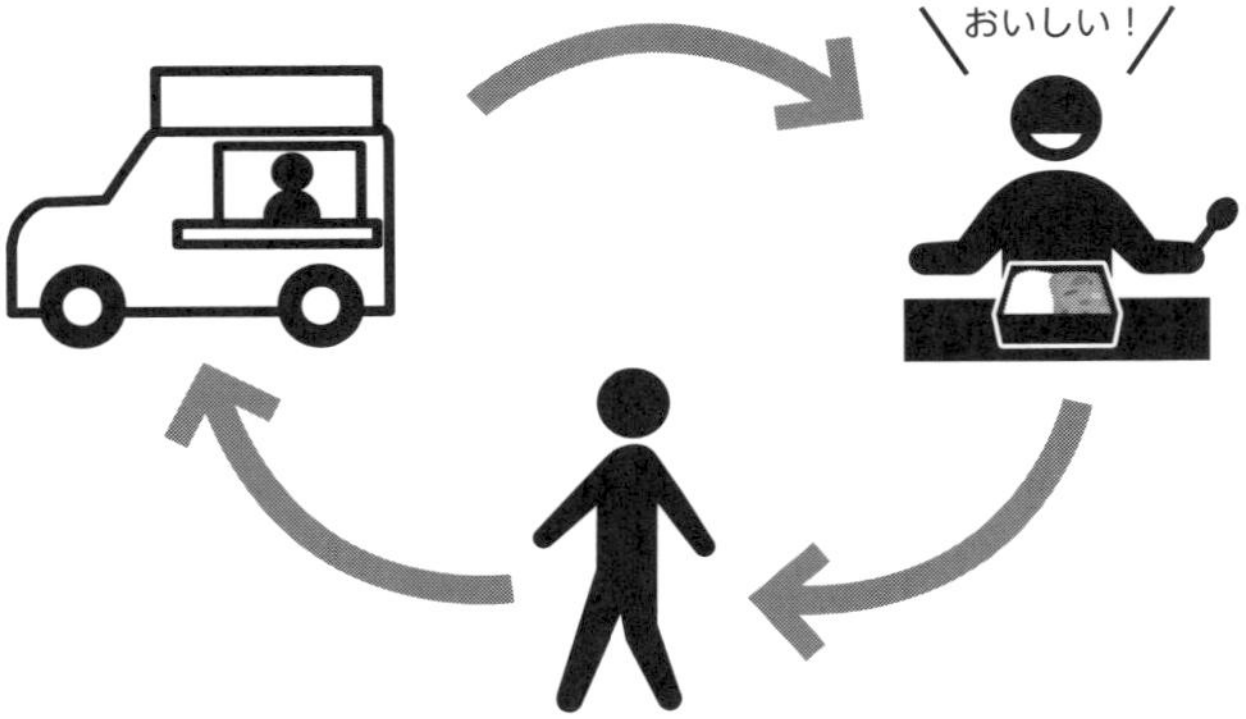

出店依頼のリピート

イベント出店の売上は、毎年、クライアントからの依頼が積み重なることで安定してくる

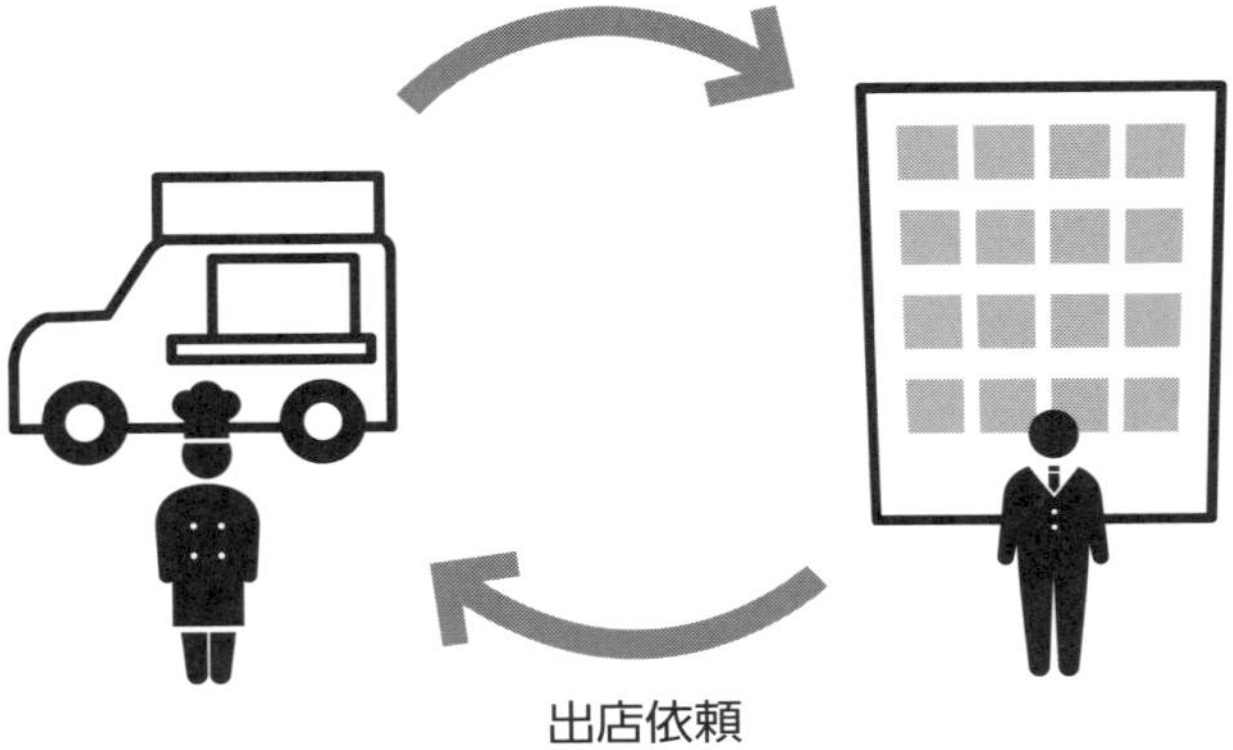

07 「毎日出店型」と「週1出店型」

毎日同じ場所に出店するか、曜日ごとに出店場所を変えるか、どちらの出店スタイルにもメリット・デメリットがあります。アイテムや地域の特性などに応じて、自店に合うほうを選んでください。

●同じ場所に毎日出店するメリット・デメリット

固定の店舗のように毎日同じ場所に出店することのメリットは、認知度が上がるのが早いことです。とくに開業したての立ち上げ時は、お客さんに自店を認知してもらうことが大切。

1週間に1回で、月に4~5回出店するよりも、毎日出店するほうが認知度アップは早くなります。

また、いつ買いにいってもそこにお店があること自体が移動販売にとっては信用につながります。

逆に、毎日出店することで、多くの移動販売が武器にしている「この日だけ」という限定性は活かせないことになります。

●ひとつの場所に週1回出店するメリット・デメリット

一方、週1回をローテーションで回していく出店スタイルはどうでしょう。

「毎週○曜日」と週1回に限定することは、その日の買い上げを促進する効果があります。自店のファンが増えてくれれば、その日を楽しみに待っていてくれるお客さんも多くなります。

デメリットは、自店がいつ出店しているのかを認知してもらうまでに時間がかかるということ。おいしくて再来店してくれたのに「いなかった」という状態をつくるのは、実感があまり湧きませんが、「見えないロス」と言えるでしょう。このスタイルは週1回であっても毎週同じ曜日に出店するのが原則です。

加えて、自店がいつどこに出店しているかの情報を積極的に発信していくことも欠かせません（具体的な方法はＰａｒｔ9）。

週4の出店、週1の出店、それぞれによさがある

開業以来、週4回は同じ場所・同じ曜日での出店を続けている「ポルポ行進曲」。出店場所を固定して毎日出店すると、お店の認知度を高め、「買いにきたけどいなかった」という見えない売上のロス・信用のロスを減らせる。認知度が上がり、多くのお客さんにあてにされるお店になった時には、固定店舗のように「完全な自分の場所」として商売を続けることができる

曜日ごとに芝浦、千駄ヶ谷など出店場所を変え、ローテーション出店している「オーロラカフェ」。今、多くの移動販売は曜日ごとに場所を確定する週1出店型のスタイルで動いている。「この料理をいつでも買えるわけではない」という限定性がメリット

08 移動販売に必要な資格と許可

キッチンカーを使った移動販売をはじめるには、人に対して「食品衛生責任者」の資格、車（お店）に対して「営業許可」が必要です。

●「食品衛生責任者」の資格を取ろう

食品衛生責任者の資格は、各都道府県、自治体による食品衛生責任者養成講習を受講することで取得できます。受講すれば全員が取得でき、食品衛生責任者手帳が発行されます。受講料は都道府県によって異なりますが、東京都なら1万円です。東京都のように一度取得すれば有効期限のない場所もあれば、有効期限を設けているところもあります。講習会には定員がありますので、開業を決めた時点で、保健所などで日程を確認して申し込んでください。

●営業許可証はアイテムによって異なる

キッチンカーを使った移動販売に必要な営業許可は、アイテムによって異なりますが、主に次の3つにわけられます。

①飲食店営業

ランチ全般、たこ焼きなどの軽食ほか、料理を扱うほとんどの移動販売に当てはまる営業許可です。

②菓子製造業

たい焼き、大判焼きなどスイーツ系の移動販売に対する営業許可です。「お食事系のクレープは飲食と菓子製造、どちらでとればよいのか？」などは、保健所によって解釈が違いますので、曖昧な部分は事前に相談しましょう。

③喫茶店営業

ドリンクのみを扱うカフェ系の移動販売に対する営業許可です。飲食にプラスしてカフェなどを扱う場合は飲食店営業になります。

どの許可も有効期限は5年間です。

開業するには資格と許可がそれぞれ必要

人に対して

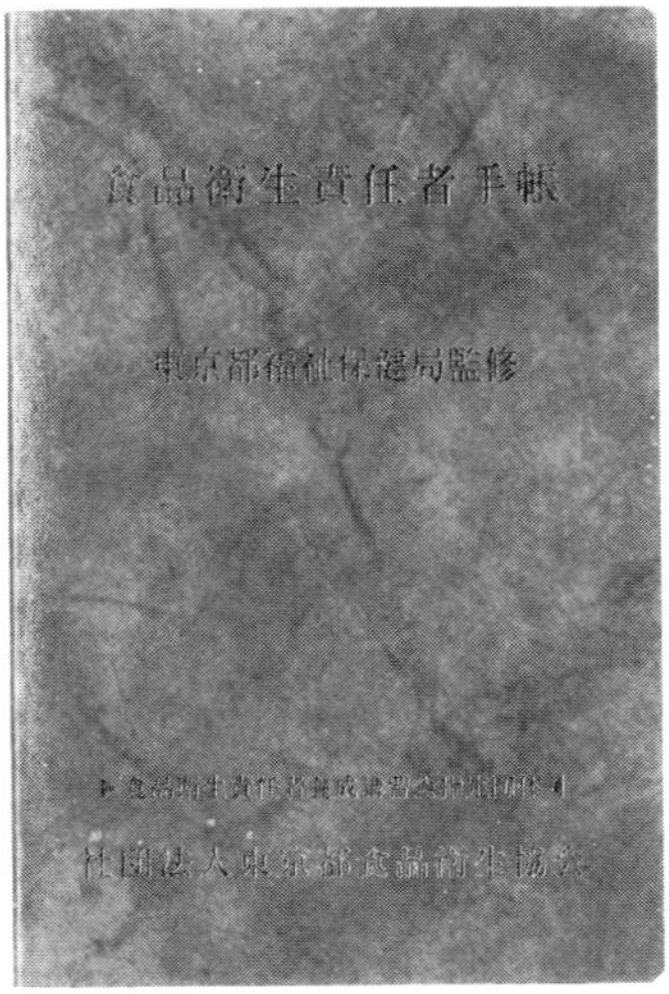

食品衛生責任者手帳
(保健所、都道府県が発行)

車に対して

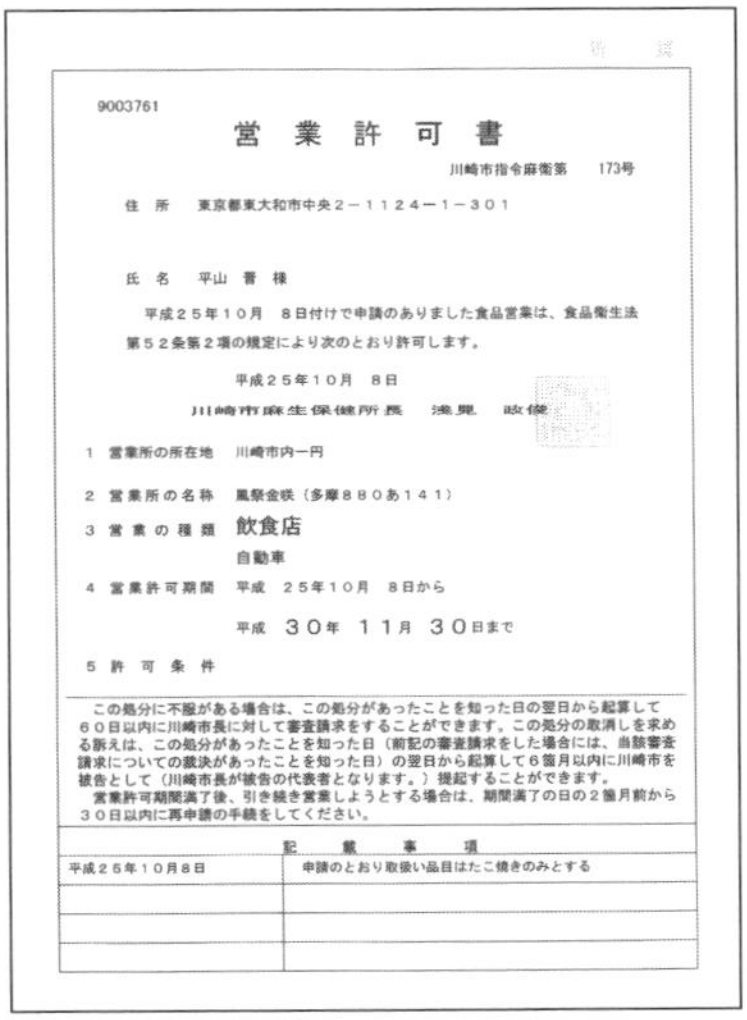

9003761

営　業　許　可　書

川崎市指令麻衛第　173号

住　所　東京都東大和市中央２－１１２４－１－３０１

氏　名　平山　晋　様

平成２５年１０月　８日付けで申請のありました食品営業は、食品衛生法第５２条第２項の規定により次のとおり許可します。

平成２５年１０月　８日

川崎市麻生保健所長

1　営業所の所在地　川崎市内一円

2　営業所の名称　風祭金鉄（多摩８８０あ１４１）

3　営業の種類　飲食店
自動車

4　営業許可期間　平成　２５年１０月　８日から
平成　３０年　１１月　３０日まで

5　許可条件

この処分に不服がある場合は、この処分があったことを知った日の翌日から起算して６０日以内に川崎市長に対して審査請求をすることができます。この処分の取消しを求める訴えは、この処分があったことを知った日（前記の審査請求をした場合には、当該審査請求についての裁決があったことを知った日）の翌日から起算して６箇月以内に川崎市を被告として（川崎市長が被告の代表者となります。）提起することができます。
営業許可期間満了後、引き続き営業しようとする場合は、期間満了の日の２箇月前から３０日以内に再申請の手続をしてください。

記載事項	
平成２５年１０月８日	申請のとおり取扱い品目はたこ焼きのみとする

飲食店営業許可証

09

保健所申請から許可証交付までの流れ

●事前相談

キッチンカーの製作を業者に依頼する場合は、保健所の営業許可を取得できる基準で製作してくれるはずですが、自作する場合は製作前に一度最寄りの保健所に相談に行くことをお勧めします。必要な給排水の量、仕込み場所の有無など、自治体ごとに基準が違います。この時に申請書類一式をもらいます。

●申請書類の提出

申請の際に必要な書類は、次のものです。

①営業許可申請書
②営業設備の大概・配置図　キッチンカーとしての設備概要や車内設備の平面図を記入する書類
③営業の大概　申請者や仕込み場所の所在地出店予定地や仕入れ先などを記入する書類（サンプル参照）
④仕込み場所の営業許可の写し（仕込み場所が必要な場合）
⑤許可申請手数料（営業許可の種類、各自治体によって異なるため、事前相談の時に自店に必要な許可の種類とともに確認する）
⑥登記事項証明書（法人の場合のみ）

●移動販売車の施設確認検査

キッチンカーが完成、あるいは納車されたら保健所に車を持ち込み、確認検査を受けます。ここで基準に適合しない時は、その箇所を改善して、後日再び検査を受けます。

●営業許可の交付

車の検査が通ると、許可証が発行されます（交付までには1週間ほどかかるところが多い）。交付された営業許可証は大切な「信用」なので、車内の見やすい位置に貼りつけておきましょう。

申請書類の見本

営 業 設 備 の 大 要

施設	設備		内容	
建築様式			鉄骨、鉄筋コンクリート・ブロック、石造・煉瓦・木造モルタル・附属建物かそれ以外・その他	
面積			調理場または作業場　㎡	客席　㎡
調理場作業場または販売場	床		コンクリート・厚板・タイル・石材・金属板	
	内壁		床から1メートルまでコンクリート・タイル・厚板・金属板	
	天井		板張・合成合板・コンクリート・金属板・その他	
	防虫・防そ	窓	金網張・合成樹脂製網張	窓なし
		出入口	金網張・合成樹脂製網張・自動開閉とびら	
		排水口	金網張・鉄格子（鉄製目皿）	
	空調		機械による室温管理	
	換気		自然換気・動力換気	
	ばい煙等の排気		天がい（フード）・電気ファン・高窓（湯気ぬき）	
	採光・照明		自然・人工	
	給水		水道（直結・貯水槽） 井戸・その他	国公立衛生試験機関又は登録検査機関の証明 平成　年　月　日
	排水		公共下水道へ連絡	
	洗浄		自動洗浄機・洗浄槽（　　）槽	
	従業者専用手洗		流水受そう式・消毒装置	
	熱源		ガス・電気・石油・石炭・蒸気	
	食器具の殺菌		殺菌設備　有・無　煮沸・熱湯・蒸気・薬物・乾燥・紫外線	
	温度計		調理場・作業場　有	冷蔵庫　有
	冷蔵・冷凍		タイル・コンクリート・木製の設備で機械使用	
			電気冷凍冷蔵庫・木製の設備で氷使用	
	格納		食器具戸棚・容器包装戸棚・製品戸棚・原料戸棚・添加物戸棚	
	廃棄物容器		合成樹脂製・金属・ほうろう引でふたのあるもの	
	機械器具類		給湯設備、中心部測定温度計	
客室（室）	換気		自然換気・動力換気	
	採光・照明		自然・人工	

倉庫	防虫・防そ	金網張・ねずみ返し	
更衣室		更衣室・更衣箱	
便所	様式	水洗式・簡易水洗式・汲取式	
	調理場・作業場からの距離		m
	防虫・防そ	金網張・合成樹脂製網張	
	手洗	流水受そう式・消毒装置	

その他参考事項	取扱食品の種類		
	従業者数	名（家族従業者　名・使用人　名）（正社員　名・非正社員　名）	
	営業時間等	時～　時、　時～　時	定休日
	電話番号	−，　−	
	Eメールアドレス		

記載方法　該当する事項を○で囲み、該当以外は空欄に記載してください。

車によって基準が異なるので、保健所で確認しつつ記入するとよい。通常は5年ごとに更新。さまざまな地域のイベントに出店する人は、更新のたびに各地域に行かなければならないのが難点

10

移動販売の2種類のお客さん

●イベント・買い取りでは主催者もお客

移動販売にとってお客さんとは、「自分の料理を買って食べてくれる人」だけではありません。ほかにもお客さんが存在します。それは、出店依頼をしてくれるイベントの主催者。移動販売にとって、どちらもがお客さんとなります。

その場所で自店の商品を買ってくれる人たちをお客さんとして、そのお客さんたちに喜んでもらえるようなことをするのは、移動販売にとってひとつの側面でしかありません。

現場で商品を買ってくれる人たちに喜んでもらうことを考えるのと同時に、「出店先や出店依頼をしてくる人たちの求めているものに、どうやって応えていくのか」を考えていくことも大切です。

概ね通常出店においては、自店の商品を買ってくれる人たちがお客さんであり、イベント出店においては、主催者と食べてくれる人たちの両方をお客さんとして考えるバランス感覚が大切です。

主催者が求めていることに応えながら、自分たちの商品を買ってくれるお客さんにも喜ばれる出店が理想です。

多くの場合は、現場でお客さんに喜ばれる出店をすることが、主催者の求めに応えることにもつながります。

買い取り出店の場合、お客さんは依頼主であるクライアントという側面が強くなります。自店のこだわりよりも、クライアントの要望に沿うことが移動販売のサービスと言えます。

この、「誰をお客さんとしてより強く意識するか」は、出店スタイルと同時に、「移動販売という仕事のどこにやりがいや楽しさを見出すか」に大きく影響します。売上が同じであっても、商売の中に感じる喜びや豊かさのポイントが違うからです。

目の前のお客さんだけがお客じゃない

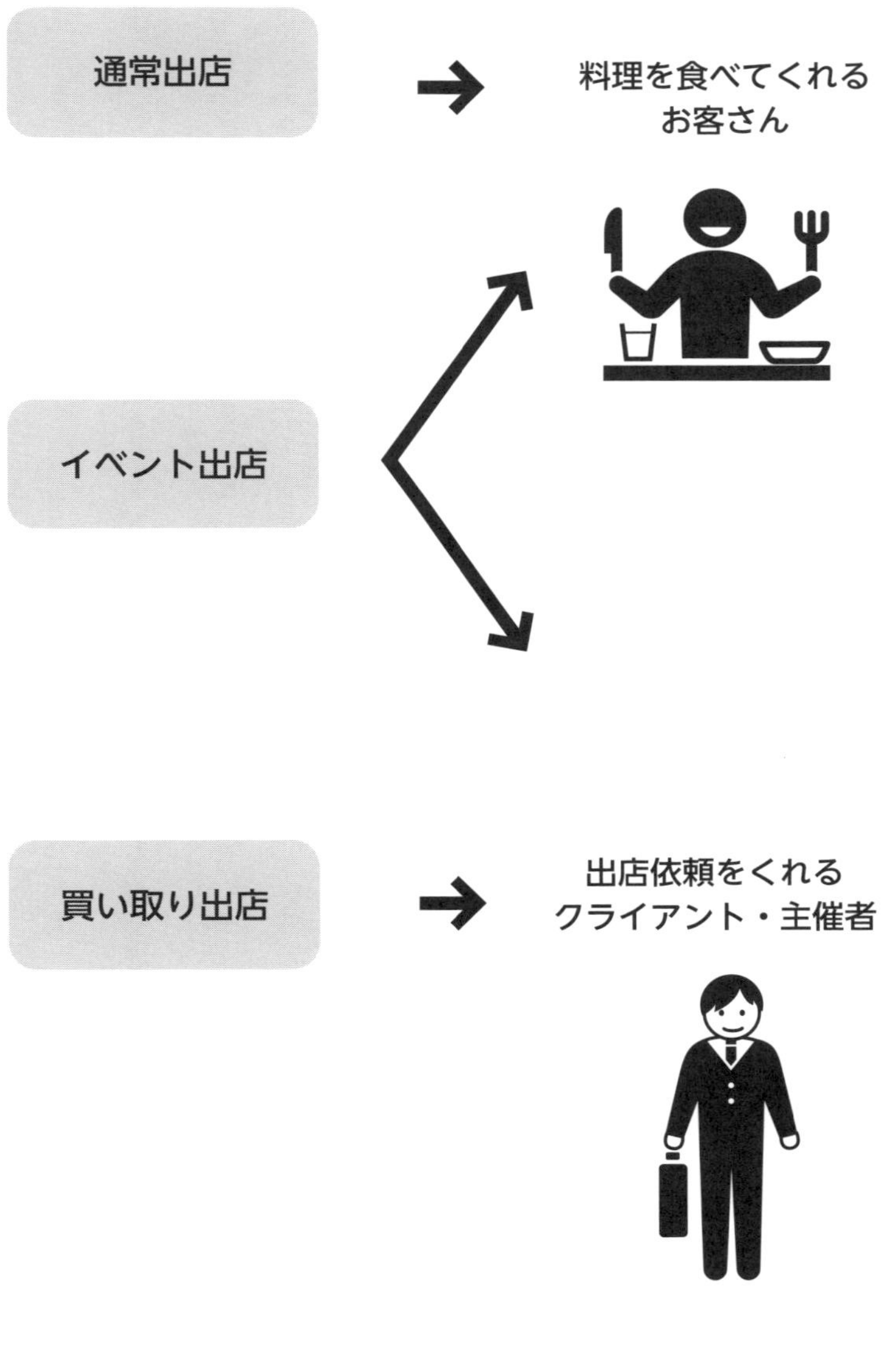

11 季節のイベントと移動販売

通常出店でなじみのお客さんとの関係をつないでいき、普段の収入を安定させた中で、季節ごとのイベント出店を楽しめるスタイルは、移動販売のひとつの理想の形とも言えます。

●たこ焼き「風祭金咲《かざまつりきんさく》」が出店する主なイベント

私、平山が運営するたこ焼きの移動販売「風祭金咲」は、平日はいつものお客さんを大切にしながら、土日には季節ごとのイベントにも出店しています。

春は梅園のある公園で開催される、1ヶ月続く梅祭りに出店します。梅が終わる頃に各地で桜祭りが開催され、ゴールデンウィークは音楽イベント。普段はそれぞれ1人で出店している仲間たちと一緒に出店。

梅雨に入る頃の週末は、あじさい祭りに行きます。

夏は水辺があり、小さな子供たちの集まる公園や、依頼を受けた夏祭りに仲間たちと出店。

秋は収穫祭や産業祭、学園祭などが重なる季節で、フリーマーケットを併設したイベントに出店する機会が多くなります。

冬になると、マンションの住民さんなどによるクリスマスイベントや餅つき大会。寒空の下で開催される屋外のスポーツイベントでは、温かいつくりたての料理が喜ばれます。

このようなイベントは、前年が好評であれば翌年以降も続いていくので、長く続けるほど、毎年季節に合わせてやってくる通常出店のような位置づけになります。初年度はギャンブル的な要素が強いイベントも、回を重ねるごとに売上の予想がしやすくなり、現場の対応も改善されてくるので、商売が安定してきます。

毎年食べるのを楽しみにしてくれているお客さんとの再会や、移動販売仲間との交流もそこにはあります。普段は1人で営業している移動販売にとって、イベントは同業者との交流や情報交換の場でもあるのです。

同じイベントに毎年出店することで、仕事の流れができる

2月初旬、梅の蕾がつきはじめる頃に「梅祭り」出店がはじまる。「ガッツリ稼ぐ」イベントもあれば、ゆったりした時間の中でお客さんに食を届けるイベントもある。毎年巡ってくるイベントで季節を感じることもできる

2月

GW

ゴールデンウィーク、1台では間に合わないイベントに、同じたこ焼きの仲間たちと3台で力を合わせてひとつのお店のように出店

7月からは夏祭り、納涼祭の最盛期。自治会や地域住民が開催する夏祭りには、違うアイテムの仲間たちとチームを組んで出店。「売上を競い合う」というより、このチームでどれだけ喜ばれる出店ができたかが勝負。個人競技の団体戦のような、一体感のある楽しい出店

7月

9月

屋外イベントの旬は秋まで続き、地域のお祭りや学園祭、企業の感謝祭などの出店が多くなる

12 選んだアイテムによって1日の動き方が決まる

●仕込み・仕入れは営業時間外に行なう

移動販売の特徴のひとつに、現場の営業中に仕込みや仕入れなど翌日の準備がほぼできない、ということがあります。

現場で空いている時間があったとしても、出店している時間は仕込みなどの作業ができません。

出店中は販売のみで、営業時間が終わってからお店を片づけ、荷を積み込んで帰って、それを仕込み場所で降ろして、洗い物などの片づけをしてから次の日の仕込みにとりかかります。翌日も朝、積み込みをして移動し、現場に着いてからまたお店をつくります。

これは固定店舗とは大きく異なる点で、その分、必然的に労働時間は長くなります。

ランチ系アイテムの営業時間は3時間くらいなので、一見、労働時間が短くていいようにみえるかもしれませんが、実は、帰ってからの仕込みに時間がかかります。

クレープ、たこ焼きのような軽食系アイテムは、事前の仕込みは少ないものの、現場での販売時間が長くなります。

必ずしも長時間労働を苦にしない方も多いのですが、無理があると感じた場合には、やはり見直しが必要です。

●労働時間を軽減するには

軽食系アイテムであれば、長時間出店していてもピークの時間は限られるので、その時間に合わせた出店スタイルをつくれるかどうかが労働時間短縮の鍵となります。

ランチ系アイテムの場合は、仕込みの工程が少なければ労働時間は短くなりますが、この場合、そのことによって商品のクオリティが落ちれば通常出店の場所ではお客さんも離れていきます。

ランチ系アイテムと軽食系アイテムの１日の流れ

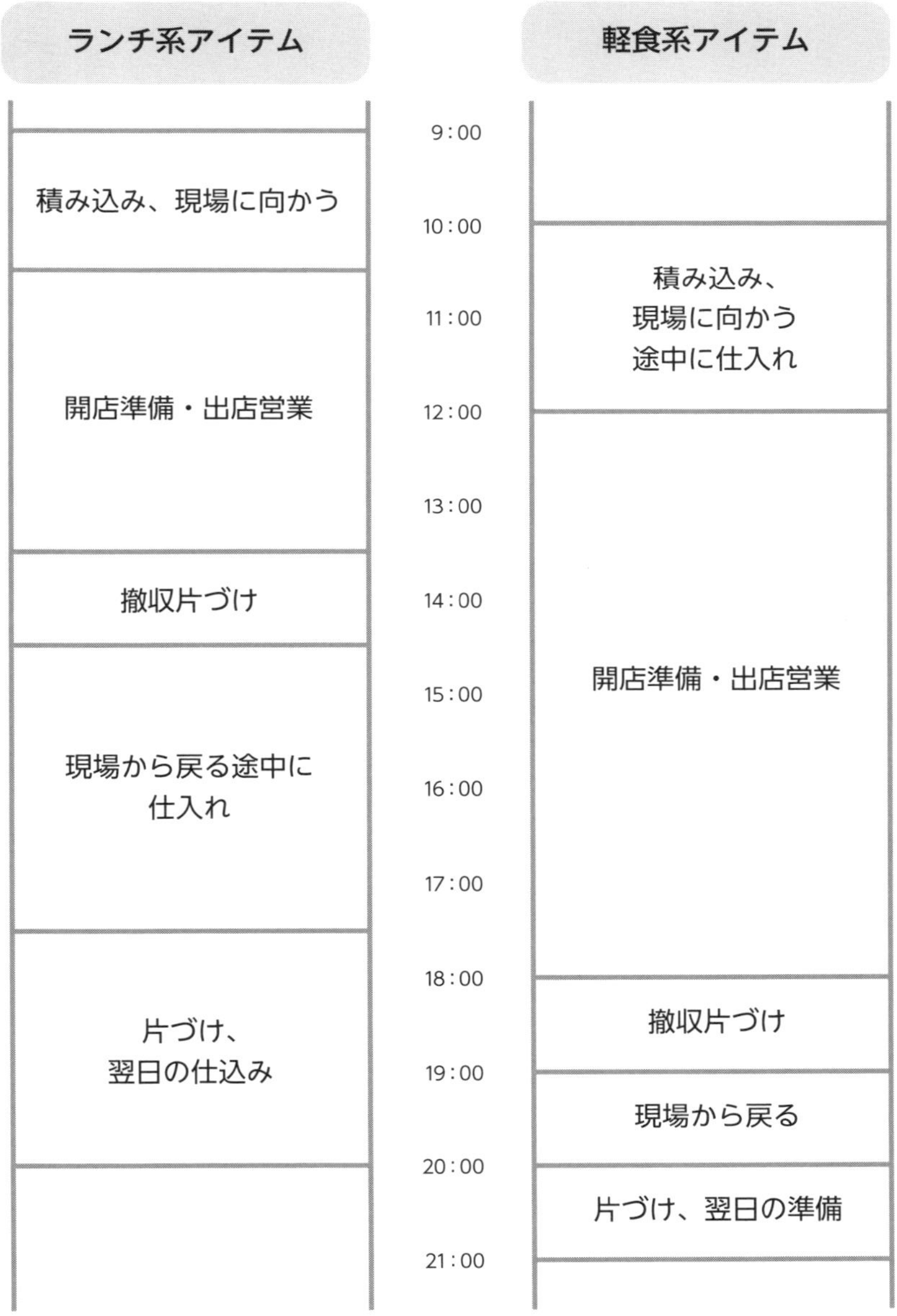

13 移動販売の自由さと不自由さ

商品をつくりたいようにつくり、移動販売車を好きなようにカスタマイズして、現場では自分が売りたいように売る——この自由さは移動販売の大きな魅力であり、武器でもあります。

特に組織の中で、自分がやりたいことを思う存分できずに窮屈だと感じていた人にとっては、この自由さはとても大きな魅力に映るでしょう。

移動販売とは、手に入れた自由を思う存分使っていろいろな対策を打っていく中で、自分なりの豊かさを手に入れていく商いです。

思いついたアイデアや対策を、自由にどんどん試せる、試していいのが移動販売です。

●出店場所のオーナーの許可が必要

では、気が向いた時に、やりたい場所に車を停めて商売していいのかというと、そうではありません。商業施設でも駐車場でも、オーナーや管理している人たちから場所を借りた上で商売をしています。路上で営業している移動販売を見かけることもありますが、違法ですのでやめましょう。

そのような商売では安定もしません。そこは自由にやっているわけではありません。

●依頼主の要望に応え、他店に配慮することも必要

また、依頼を受けて出店するような場所では、自分の商品を買ってくれるお客さんのことさえ考えていれば、何をやってもいいわけではありません。先述した通り、依頼主の趣旨や要望も考慮した商いが求められます。

ひとつのスペースを複数の店舗で共有する出店場所では、他店と協調していくことも大切です。

外からは一見自由気ままに見える移動販売ですが、これらの点からは、意外な不自由さを感じることもあるかもしれません。

自由を思いっきり発揮するところ

商品

車

意外に不自由なところ

場所

売れそうなところで気ままに商売しているわけではない
依頼主、出店先、同じ場所を共有する同業者への気遣いが大切

Column

現場であった失敗談 ——移動販売あるある

◉車が故障！

「行かないことが許されない買い取り出店の現場に向かう途中で車が故障。レッカーで現場まで運んでもらって、出店終了後に車屋さんまで牽引して運んでもらいました」

◉寝坊で遅刻！

「現場に着くと、常連さんたちが待っていてくれて、表の看板の取りつけなど開店準備を手伝ってくれました」

◉ご飯がない！

「現場に到着して開業準備をはじめると、あるはずのご飯ジャーがない。積み忘れ……。一緒に出店していた仲間にわけてもらいましたが、おかず、スープだけを買っていったお客様も……」

◉増殖するレードル

「忘れ物は、なんとか現地で調達します。そのおかげで、同じ大きさのレードルがいくつもあったりします」

◉荷物の積み方をちゃんと考えないと……

「現場に向かう途中で鍋がひっくり返り、到着後、車内が悲惨な状況に。消火器が倒れて車内が消火液まみれになったことも」

◉暗闇のイベント

「現場で電気の容量を使い過ぎて、ブレーカーを落としてしまった。夜のイベントでは会場を真っ暗にしてしまった経験も」

◉なぜかずっと斜め

「水平をとってもとっても車が斜めなのでおかしいと思ったら、左の後輪がパンクして空気が抜けている真っ最中でした」

◉帰りに金庫を盗まれる

「同業者御用達の業者用スーパーで仕入れ中、車に積んであった金庫を盗まれました。もちろん鍵はかけてありましたが。出店の帰りにはお金を積んでいると知っている人が多いので、このような場所は要注意ですね」

開業までのステップを知って
コンセプトを考えよう

Part 3

01

ステップ1

商品・出店スタイル・出店場所を考えよう

移動販売をはじめようと思ったら、まず何から手をつければいいでしょうか。

①商品を決める

まっさらな状態からプランを考える場合には、何を売りたいのか？　商品を決めることからはじめましょう。まず、ランチ系か軽食系か？　選んだ商品によって、適した出店場所や出店スタイル、ピークの時間、活動の時間帯なども変わってきます。

②出店スタイルの軸を決める

次に、通常出店を商売の軸に置きたいのか、イベント出店を中心にやっていきたいのかを考えます。

実際にはどちらもやっていくことになりますが、毎日の営業の中でコツコツとお客さんとの関係をつないでいく通常出店と、週末を中心に稼ぎ・楽しさを求めるイベント出店とで、自分の商いの重心をどちらに置くかという意志を確認することが、この時点では大切です。それによって適した出店場所や適した商品、適した車などが変わります。

③出店場所のプランを持つ

①と②の組み合わせにより、自店に適した出店場所を考えてみましょう。

ハヤシライス・タコライスなど、ランチ系アイテムで通常出店を中心にやっていきたいのであれば、出店場所として適しているのは、オフィス街や施設内などテイクアウトのランチ需要のあるところになります。いくら人の流れが多いところでも、ショッピングモールのように施設内に飲食店がひしめいている場所はミスマッチになります。

ポイントは、「人の流れの多いところはどこか？」ではなく、「①と②の組み合わせが求められている場所はどこか？」を考えることです。

出店プランを考えよう

1 商品決定 ランチ系か軽食系か

↓

2 出店スタイルの軸 通常出店かイベント出店か

1、2 ごとに適した出店場所の例

- 主食＋通常＝オフィス街、学校工場施設内など
- 主食＋イベント＝各種ランチ需要のあるイベント
- 軽食＋通常＝駅前、商業施設など
- 軽食＋イベント＝各種イベント、夕方からのお祭りなど

ランチと軽食の違い

	ランチ系アイテム	軽食系アイテム
働き方	仕込みが長い	現場が長い
通常出店の売上	平日が高い	土日が高い
イベント出店時のピーク	昼前後	昼ピークが終わってから
代表的な出店場所	オフィス街	商業施設

選んだアイテムは売上だけでなく働き方・動き方を決める

02

ステップ2 商品開発・キッチンカー製作・出店場所営業は同時進行で

保健所の許可が取れた翌日から商売できるよう準備

ステップ1のプランと開業資金を元に、自店のコンセプトに合うキッチンカーの製作に入ります。選んだアイテムや軸に据えた出店スタイルによって、相性のいい車の型があります（詳しくはPart5）。

最初から本業でやっていくならば、車が納車された時点で完成された商品があり、管轄の保健所で営業許可を取れば明日から商売ができる、というのが望ましい状態です。商品開発と同時に出店場所の本格的なリサーチ・営業を開始しましょう。

営業場所を1ヶ所でも決めておくと開業がスムーズ

開業前に1週間の出店場所がすべて埋まっている必要はありませんが、デビューを飾る場所がひとつでも決まっていて、さらにその日付が決まっていることは、商品開発のモチベーションにもつながります。

この時点では、出店場所の営業をかける際の最大のプレゼンツールとなるキッチンカーがまだありません。それでも、名刺をつくったり、商品が完成しているのであれば、その資料を持って出店場所の営業をかけることをお勧めします。

まず、営業に慣れておく

特に営業経験のない方の場合、出店場所営業にも慣れが必要です。一度やってみると厳しさや手応えなどもわかりますので、まずはリサーチした場所に営業をかけてみましょう（詳しくはPart6）。

この時期の営業は、「車ができた後にもう一度プレゼンテーションにくるためのきっかけ」と考えるのもいいでしょう。

また、知人・友人のつながりから出店できる場所がないかどうか、聞いてみることも大切です。

車の完成を待ってから、では遅い！

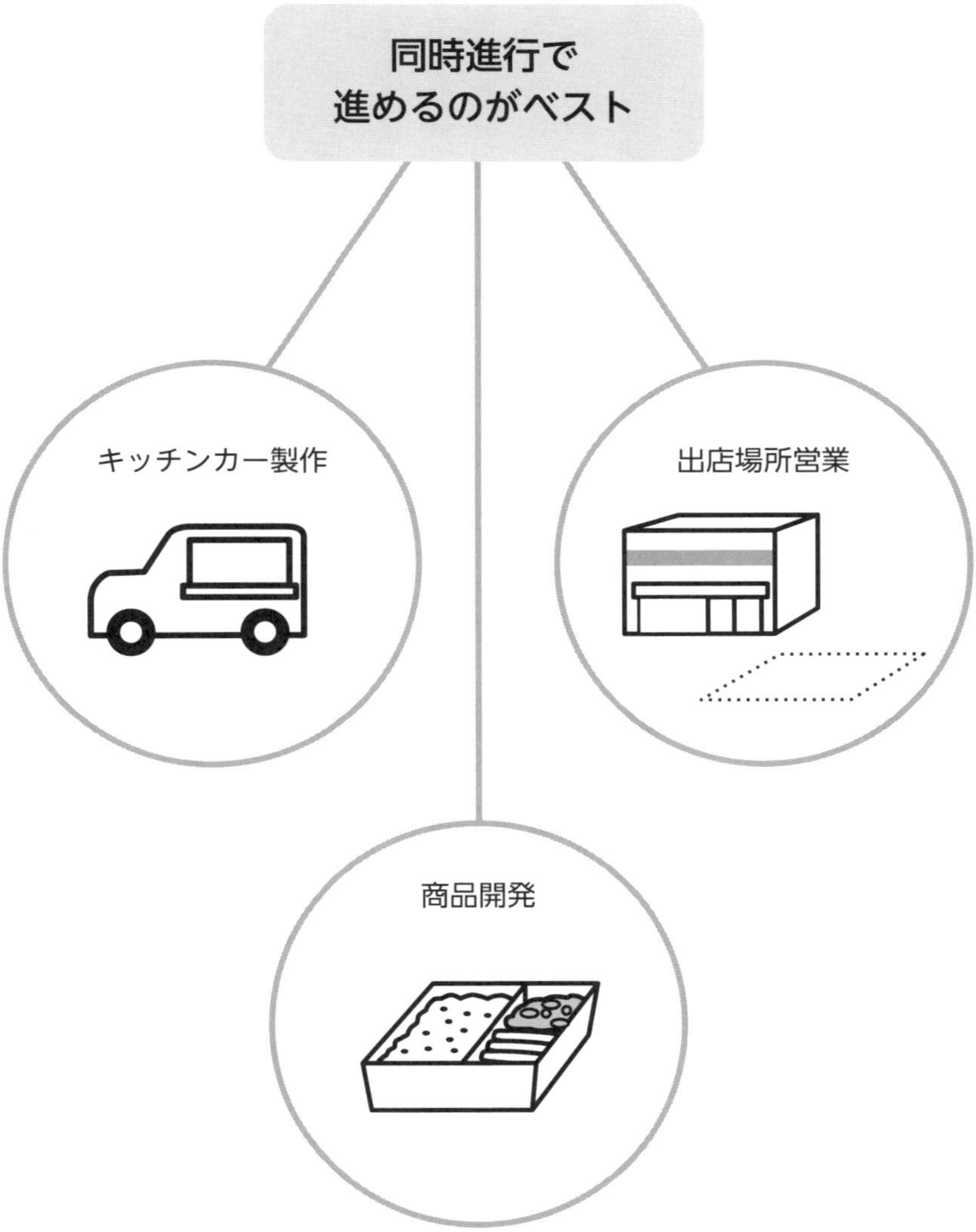

03

ステップ3

営業許可を取得してお店づくりをしよう

保健所で営業許可を取得する

車のカスタマイズが終了したら、保健所の営業許可を取得しましょう（44ページ参照）。

出店地を管轄する保健所の許可が必要です。まず、出店を考えている主な地域の営業許可を取得してください。それが、出店の営業をかける際の大切なツールにもなります。

ひとつの保健所から許可を取って開業した後に、出店が決まった地域の営業許可を、必要に応じて徐々に取得していけばよいでしょう。

外装をつくって「お店」にしよう

キッチンカーを入手できたら、現場で営業できるように「お店」をつくってみましょう。

車のデコレーションやラッピングは、移動中には宣伝効果を発揮しますが、現場での売上につながるのは、看板やポップをつけた状態の「お店」です。車だけでなく「お店」を現場でどう魅せるかが大切です。

毎日現場に行ってお店をつくることになるので、このＰＯＰをどうやってつけたらいいか？　などの問題を一つひとつ解決していきます。

機材を入れてオペレーションを改善しよう

車内に機材を入れて、今まで試作してきた商品を実際につくってみましょう。何をどこに置くか？　調理してからお客さんに出すまでの導線はどうか？　などオペレーションを確認します。

同時に、ある程度の量をつくってみて、どのくらいの量に対応できるかを知っておくとよいでしょう。試作で数食つくった時と比べて、商売に足りる量をつくった時にクオリティーを保てるのか？　1時間に何食くらい出せるキャパを持っているのか？　をオープン前に確認しておきましょう。

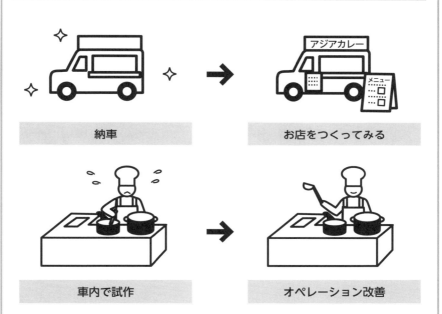

現場に出る前に試作してみよう

納車

お店をつくってみる

車内で試作

オペレーション改善

クオリティ＋量とスピードを確認

□車内のレイアウトは適正か？

□寸胴の大きさ（1回の販売に必要な量）は十分か？

□補助テーブルなどは必要ないか？

5食程度の試作では、現場で通用しないことも多い

04

ステップ4

開店当日はつながりづくりの第一歩

●当日朝の積み忘れチェック

当たり前のことですが、忘れ物がないように確認することは大切です。多くの方が、一度は忘れ物をして当日の営業に支障をきたしてしまったことがあるのではないでしょうか。

移動販売は、食材・包材・機材の積み降ろしを毎日繰り返すので、忘れ物をしやすい業態と言えます。容器の「ふた」などちょっとしたものまで、はじめはチェックリストをつくって確認するとよいでしょう。

●通常出店はクオリティー第一

この先、通常出店できそうな場所での初出店は、商品のクオリティーを今日できる最高に保つことが最優先です。出店してみるとすぐに課題がいくつもみえてきますが、商品のクオリティー以外のことは一つひとつ改善していけばいいいと思います。

●イベント出店デビューは小さな現場から

通常出店を中心にやっていきたい人であっても、小さなイベント現場は、初出店の場所としてお勧めです。商売の楽しさを感じながら、これからの課題がみえやすいのがイベントの現場だからです。

●販売と営業、2つのつながりをつくろう

イベント出店の初日は、自店の商品を買ってくれるお客さんとのつながりのはじまりであると同時に、同業者とのつながりがはじまる日でもあります。横のつながりづくりは、未来の仕事につながる営業活動でもあるので、おろそかにはできません。

なお、集客のためのキャンペーン企画や広告宣伝は、初出店で用意しなくていいでしょう。オペレーションに慣れ、自分の対応力をはっきりとつかんでから活動するのがいいと思います。

カレー専門移動販売「SPICE PRIMURA」の出動前チェックリスト

- □ カレールー
- □ ライス
- □ 付け合わせ
- □ トッピング
- □ ドリンク類
- □ パック
- □ コップ類
- □ スプーン
- □ 紙ナプキン
- □ レードル
- □ 木べら
- □ しゃもじ

- □ ショップカード
- □ メニューの書き換え

- □ 釣銭

- □ 前掛け

- □ 発電機の給油
- □ キッチンカー給油

はじめての現場での開店初日は、忘れ物をせず、クオリティー最優先。販売促進や集客活動は、現場での活動が整ってから本格化するのがよい。２つ目の現場からは、初出店前のチラシ配布など積極的な集客活動も

05

自店のコンセプトを持とう

●「やらないこと」を決めると「何屋か」が明確になる

商品を開発する際には、自分の商いのコンセプトが必要です。自分が移動販売を通して何を伝えていきたいのかをコンセプトに落とし込み、商品に反映させていきましょう。

出店場所によって商品を変えてもいいのですが、「うちは何屋なのか」という明快なコンセプトを持っていないと、売れそうなものに次から次へと手を出して、あげく、すべての商品がハンパなものとなって、しまいには売れない店となっていく、こんな危うさと背中合わせです。

コンセプトを明快に、自店が何屋なのかをはっきりさせるということは、自店がやらないこと、やってはいけないことを決めるということです。

ひとつの単品に絞るということではありませんが、明快に自店が何屋なのか？　が伝わる専門性を出すことは、日々のお客さんをつけていくためには必須の条件と言えます。

●たこ焼き屋さんのコンセプト

「金祭金咲」のたこ焼きは、昆布と3種類の削り節から挽いた天然だしからつくっています。こだわりを持ってつくっていることから、たこ焼きではなく「蛸《たこ》魂《こん》焼き」とよんでいます。

「日本に受け継がれてきた和の風味を楽しんでほしい」という商品コンセプトがあることで、「和の風味を活かさないものをメニューに加えてはならない」という制約ができます。

メニューの幅を広げる時も、「和の風味を活かす」というコンセプトをはずさないように広げます。和の風味を活かさないものは、おいしくてもやりません。

制約を設けてイメージを絞り込むことによって、逆にメニューづくりのアイデアは広がります。

「やらないこと」を決めているたこ焼き屋さんとスムージー屋さん

▶蛸魂焼きのコンセプト

日本で受け継がれてきた〝和の風味〟を引き継いでいく

▶メニュー例

蛸魂焼きの緩やかな掟は「和の風味を活かさないメニューはやってはならない」。やらないことを決めることで、商品のこだわりや特徴も伝わりやすくなる。左から「やみつき塩」「郷土の梅」「せせらぎの香（本わさび）」

▶本格スムージーの移動販売「ベジカフェ 78」のコンセプト

自然の甘みと、ビタミン、酵素、食物繊維を丸ごと。安心・安全・美味しく健康に

▶メニュー例

「ベジカフェ 78」の基本メニューはコールドのスムージー３種。冬はポタージュなどのホットも加わる。ここでも「丸ごと」のコンセプトは外さない。ベジカフェのポタージュは、野菜を丸ごとカラダに取り入れる、いわば〝ホットスムージー〟

06

出店場所・動き方のコンセプトを持とう

●「自然食」がB級グルメイベントに出店してはダメ

商品のコンセプトだけでなく、「動き方のコンセプト」も持てると強くなります。

どこにでも移動できるのが移動販売の特徴ですが、「自分が活きない場には行かない」というのが、動き方のコンセプトを持つということです。言い換えると「軸を持つ」ということになります。

たとえば、オーガニックや自然食をコンセプトにしている移動販売が、ご当地グルメが立ち並ぶイベントに行っても、自分を活かすことはできません。

あるいは、時間をかけて、心を込めて手づくりした料理で、日々のお客さんとの関係をつないでいきたいのなら、自分の商品を景品として配ってしまうような買い取り出店は不向きです。

このように自店の商品のコンセプトを活かさない場所への出店は、売上が上がらないか、売れたとしても、自分のモチベーションを下げる結果となります。

動き方のコンセプトを持つことで、自店が喜ばれているという誇りを持って商いを続けていくことができるので、どんなに集客力があっても、コンセプトが合わない場所への出店は避けることが大切です。

●動き回る中でハマる場に出会う

はじめの1年間は試行錯誤してもいい時期と捉え、いろいろなところに出店し、やりたいようにやってみることをお勧めします。

その結果、お客さんにとても喜ばれる「ハマる現場」との出会いがあるでしょう。

ポイントは、商品のコンセプトに動き方のコンセプトを合わせるということ。

1年間積極的に動き、実践の中でいろいろな経験をする中で、商品のコンセプトに合わせた動き方を絞っていきます。

商品のコンセプトに合う場所・動き方を見つける

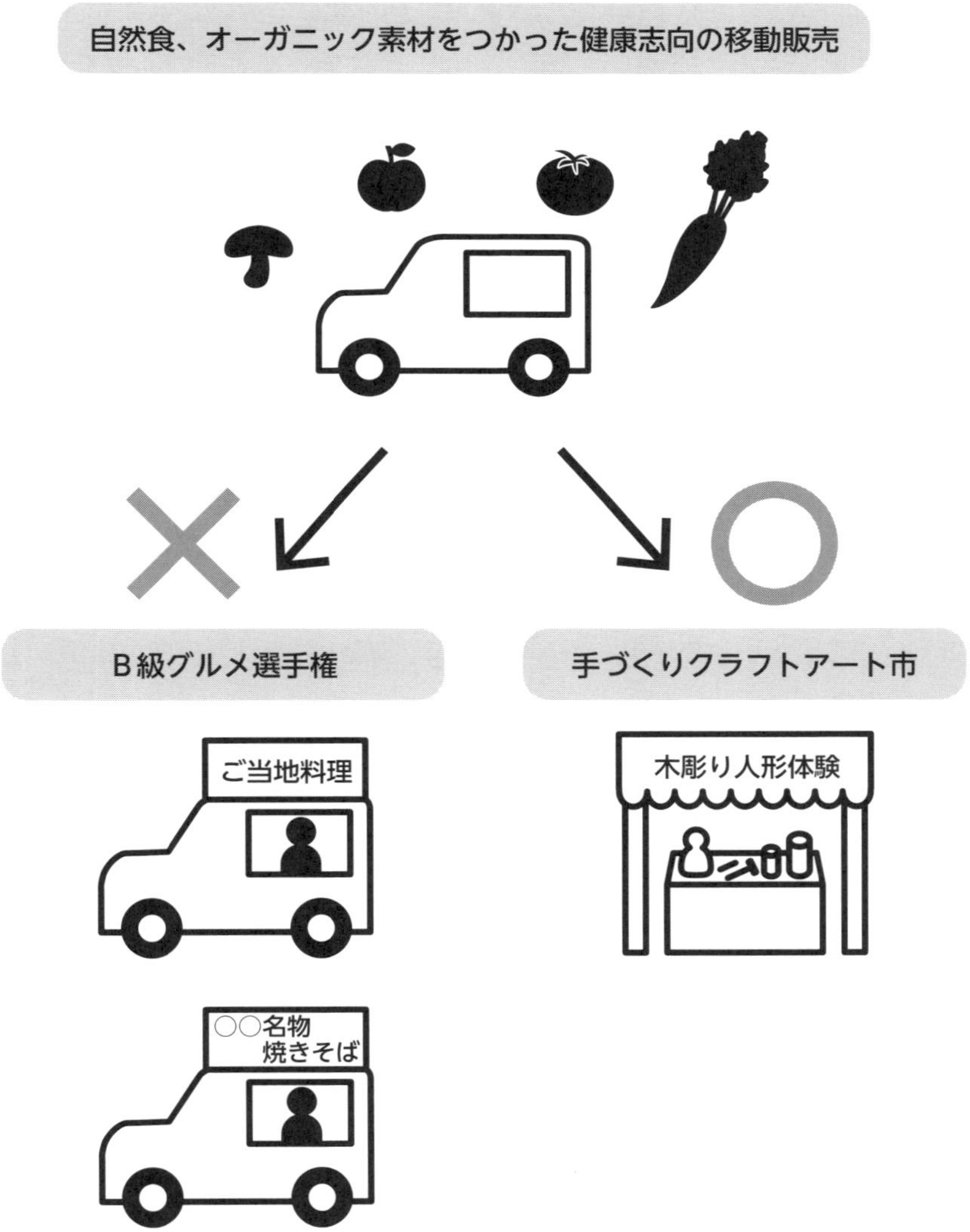

Column

開業前に現場の話を聞こう、“塾”に行ってみよう

開業前にやっておくといいのは、先輩に話を聞いてみることです。自分がこの仕事に興味を持っていること、はじめたいことを率直に伝えると、自身の体験を教えてくれる人が多いはずです。

だからと言って、何でも聞いていいわけではありません。中にはいきなり売上を聞こうとする人がいますが、初対面の見ず知らずの人に、自分の収入を教えたい人はいません。もし知りたいのなら、自分の仕事と収入を話した上で、「このくらいは稼げますか？」といった質問をすれば答えてくれるかもしれません。

相手がどこに軸を置いて商売をしているかで、同じ質問にまったく逆の答えが返ってくることもあるので、そこは要注意。

たとえば、通常出店に軸を置いている人は「お客さんに何度も食べてもらえるような単品にこだわることは大切だよ」と言うでしょうし、買い取り出店に軸を置いている人なら「こだわりは大切だけど、ひとつの商品にこだわっていたらクライアントの要望に応えられずやっていけないよ」と言う可能性が高いでしょう。

それを踏まえて、移動販売のことをトータルで学びたいという時は、移動販売の“塾”に行くことをお勧めします。

現在、移動販売の現場の声を聞ける場で、実績があるのは次の２つ。手前味噌ですが、私が主催するキッチンカーズライフ・アイドゥ（http://kurusyoku.jp/）の「キッチンカーズゼミ」とNAGOYA屋台村プラス協会の「移動販売車セミナー」、この２つの場なら知りたいことを隅々まで聞くことができます。どちらも現場の現役移動販売オーナーが主催し、現場の移動販売仲間の協力によって開催されています。自分たちと志を同じくする仲間づくりが目的のひとつなので、無理に開業を勧めることはありません。ありのままの楽しさや厳しさを知ってもらい、よりよい判断に役立ててもらうための場です。

喜ばれて売れる！
移動販売的商品をつくろう

Part 4

01 おいしい料理、喜ばれる料理をつくるのが出発点

自分がつくりたいようにつくった商品を、自分が売りたいように売って、それがお客さんに喜ばれ、収益や再来店、「おいしかった」という声になって返ってくる。これが移動販売で独立開業する醍醐味です。

声が返ってくる最大の要素である「商品」の開発は、移動販売で独立開業する上でもっともワクワクする楽しい工程かもしれません。

●原価から入らない

飲食業では一般的に「原価は売上の30％程度」という目安がありますが、商品（料理）を通して、お客さんと豊かな関係を築いていくことをめざすなら、開業時の商品開発の際は、「原価ありきで入らない」ということをお勧めします。

原価をいくら削っても、食べてもらえないことには売上も利益もありませんから、食べてもらえて、おいしかったと言ってもらえる、つまり、売れる商品をつくることが大切です。その元は、「自分がつくりたいもの、食べてほしい料理、おいしいと言ってもらいたい商品をつくること」からはじまります。実際のところ、支持されている商品は、原価を「しっかりかけている」ことが多いのです。

●手づくり、こだわりの部分はどこなのか？

自分の商品の「こだわり」をしっかりと持つことは大切です。そうは言っても、1人で「仕入れ・仕込み・販売」をこなす移動販売では、すべてをゼロからつくる、すべてが手づくり、というのは難しいのも事実です。

こだわりが仕入れた材料にあるのか、仕込みという手間の部分にあるのか、販売技術にあるのか、どこにあるのかを考え、その部分は手を抜かないこと、が大切です。

味にこだわった人気の商品

ライスバーガー

オニオングラタンハンバーグ

蛸魂焼き（郷土の梅）

豚の生姜焼きご飯

「まほうのすうぷ屋」の師匠の教え

材料原価を足し算しながら商品をつくるのではなく、まず「お客さんに食べてほしい！　喜んでほしい！」と感じるような、自分がつくりたいものをつくりなさい。それから「これはいくらで売れるんだろう？」と考えて、もしそれがお客さんに提供するのに高すぎるのであれば、そこから引き算をしていきなさい

開業以来、一度出店した場所を撤退した経験がほとんどなく、「すうぷ屋さんの料理が好き」というお客さんとともに、時間をかけて自店を育てる商いをしている「まほうのすうぷ屋」。料理をはじめたきっかけは、師匠である魔法使いのようなシェフとの出会い。商品をつくる時に今も大切にしている師匠からの教え

02

自店の絶対単品をつくろう

●食事中のサービスがない分、おいしさが求められる

おいしいだけでは売れないが、おいしくなければ続かない。これは商品開発をする上で絶対に外せないポイントです。

と言うのも、移動販売には、固定店舗のように食事を楽しむ快適な空間や食事中のサービスがありません。

これは、「なんとなく居心地がいい」とか、「食事中の気が利く接客がいい」ことを理由にお客さんがリピートすることはない、ということを意味します。

移動販売においては、再び、何度も食べてもらう最大の武器は商品そのもの。移動販売にお客さんが何度も足を運ぶ理由は、やはりおいしいから、その料理が好きだからです。

だからこそ、「この店の、この商品」と記憶に焼きつくような「絶対単品」が必要なのです。

●何度も買いに行きたくなるのが絶対単品

絶対単品の条件は、そのお店の看板商品であること、通常出店する中で、お客さんがその味を求めて何度も来店してくれるもの。イベント出店では、前年に食べたお客さんが、おいしかったからという理由で今年もまた買いに来てくれるものです。

多くのイベント出店では、絶対単品がなくても売上をつくることは可能ですし、そうしている移動販売もたくさんいます。ただ、お客さんとの関係をつないでいくスタイルの移動販売には、必ず絶対単品がありまず。イベントであっても、毎年や毎月のその日を楽しみにしてもらい、関係をつないでいく商いをするのであれば、やはり絶対単品は大切。

いくら感じのよい接客、集客のためのテクニックを駆使しても、お客さんがおいしいと感じる商品がなければ、続けて何度も来店する理由はありません。

絶対単品とは？

- おいしそうな商品ではなく、おいしい商品
- その日だけ売れる商品ではなく、売れ続けていくことで売上を伸ばす商品
- 通常出店の看板商品であり、その味を求めて何度も買いに来てもらえる商品
- イベント出店時には「おいしかったよ」と声を掛けてもらえたり、食べた後にまた買いに来てもらえる商品。絶対単品を売り続けていくことで、不安定なイベント出店の売上の土台をつくってくれる

「まほうのすうぷ屋」村井さんの絶対単品「まほうのデミタマハンバーグ」

「メイノブ食堂」大堀さんの絶対単品「vege メイノブグリーンカレー」

03

絶対単品のコンセプトを軸に商品を広げよう

移動販売を続けていく中では、商品アイテムが変わったり、広がっていくことがあると思います。変化できるのが移動販売の魅力なので、当初、思い描いた商品だけでやっていくことが正解ではありませんが、どんなアイテムで広げるか？　どこまで広げるか？　を考える時も、「絶対単品のイメージを壊さないもの」と考えていくといいでしょう。

●ランチ系・軽食系の2種類を持つメリット

ランチ系と軽食系のアイテムを持つことで、売上の幅を広げている移動販売もいます。

特にイベント出店では、ランチ系アイテムと軽食系アイテムを両方持つことで、ピーク時間を長くすることができます。

プラスもう一品を広げる時は、自店のコンセプトを壊さずこだわりが伝わるものを考えていくといいでしょう。

タマネギをじっくり炒めた手づくりデミグラスソースでつくるハヤシライスが絶対単品の移動販売であれば、オニオングラタンスープを追加するなど。タマネギをじっくり炒める工程や、こだわりが共通していきます。材料や工程を共有できると、仕込み時間の短縮にもつながります。

絶対単品は、移動販売が出店の依頼を受ける場合の看板でもあります。お客さんから「いったい何のお店なのか？」をイメージしてもらうための一品ですから、何屋なのかがわかりやすいことが第一条件です。さらに、その単品のクオリティーが高いことが次の依頼につながります。

「料理の経験がないけど開業したい」という相談を受けることもありますが、だからこそ、単品に絞ることが重要です。料理全体のプロにはなれなくても、単品に絞ることでプロになることができるのです。

コンセプトから外れずに、ランチ系・軽食系の2アイテムを持とう

絶対単品：ハヤシライス

時間をかけてじっくり炒めた
手づくりデミグラスソース

↓

新規アイテム：オニオングラタンスープ

アイテムの幅を広げる時には、やみくもに広げないこと。「何屋かわからない」ようでは、クライアントから依頼されることもない。「おいしい＋何屋かわかる」よう、軸から外れない

04

商品の「魅せ場」をつくろう

●「おいしそう」と感じてもらうための演出をしよう

Ｐａｒｔ2でもお伝えしたように、移動販売的な売り方とは、「調理の最後の工程をお客さんの目の前で完成させる」ことです。どんなアイテムでも、事前に仕込みはしておくものですが、必ずお客さんの目の前で仕上げる工程は欠かせません。

それは、お客さんに「できたてを食べてもらうための場」であると同時に、「おいしそうと感じてもらうために演出する場」でもあります。

商品を仕込み場所で仕込んで、真空パックにして持ってきて、現場で湯煎の〝お湯ぽちゃ〟。それから、お客さんの前で袋を開けて容器に移す。これでは移動販売の料理の魅力は伝わりません。

また、キレイに陳列する、積み上げるなども移動販売的な魅せ場ではありません。移動販売の魅せ場とは、料理を魅せる、技術を魅せる、人の動きとシズル感です。

商品開発においては、味はもちろんですが、この「魅せ場」をどこに持ってきて、何を魅せるか、がとても大切なポイントになります。

●魅せ場があることで、お客さんとの会話が生まれる

「魅せ場」でお客さんと向き合う時間は、お客さんとコミュニケーションをとる間であることも、忘れてはならない大切なポイントです。

固定店舗なら、お客さんの滞在時間中に接客する機会がたくさんありますが、移動販売ではお客さんと接する時間は限られます。会話のきっかけとなるような「魅せ場」をあえてつくっておくことは、その後のお客さんとの関係づくりにおいても大切です。

自分の考えているアイテムのどこが魅せ場になるのか？　どうやって魅せれば「おいしそう」と感じてもらえるのか？　を考えるのは、とても楽しい工程です。

現場で何をお客さんに魅せるかで、商品の魅力は変わる

「炙り屋」の鉄板は、料理に熱を入れるための道具であると同時に、お客さんに料理を魅せるためのステージ。「ぼくの料理はショーとしての料理なんです」と店主は言う。仕込み場所で丁寧に仕込まれたおいしい料理は、このステージで最後にお客さんに魅せることで完成する

クレープ、焼き鳥、たい焼きなど、移動販売として古くから続いてきた多くのアイテムも、お客さんの前に「焼き」という魅せ場を持ってくるスタイルをとっている。現場での「焼きたて」にこだわっている移動販売は多い。移動販売にとって魅せ場は、おいしさを演出する場と同時に、本当のつくりたてを証明する場でもある

05

移動販売にあった価格を決めよう

●ランチ系・軽食系それぞれの価格

ランチ系アイテムの価格の目安は、「ファーストフードやコンビニなどのお弁当よりは高いけど、飲食店に入って食べるよりは安い」です。

手づくり・つくりたてを提供できる反面、快適に食べる環境を提供できないのが移動販売です。ディスカウントは禁物ですが、料理自体が固定店舗と同じクオリティーであっても、陶器のお皿や丼に盛られた料理を快適な環境で食べられる店舗と同じ価値を出すのは困難であることも事実です。

「店舗と同じクオリティーの手づくり・つくりたてを値ごろ感をもって食べられる」という価格設定にするといいでしょう。

もともとテイクアウトものとして認知されている軽食系アイテムは、店舗での価格に準じるという目安でよいでしょう。

●価格は場所によって変わってもいい

毎日同じ場所で営業している人でなければ、移動販売は、現場の出店条件、客層や出店料などによって変えることができます。いつでもどこでも同じ価格で売る必要はありません。

高く売れるところでは高く売っていい、ということではなく、たとえば出店料が高い現場では売価も高くせざるを得ないということもありますし、逆に出店料が安い、あるいはかからない現場では、価格を下げたり、ボリュームを増やしたり、1品トッピングを増やすということもできます。これは移動販売の素晴らしい魅力で、売上の15%を通常の出店料として考えると、もし出店料が5%であれば、売価の10%をよりよい商品をつくるために使えるということです。もちろんそれを商品に盛り込まなければ、そのまま収益になります（詳しくはＰａｒｔ７）。

ランチ系アイテム・軽食系アイテムの価格例

ランチ系アイテム

「コンビニやテイクアウトのお弁当よりは高いけれど、飲食店に入って食べるよりは安い」くらいが目安。50円、100円単位での価格設定が基本。お昼休みの時間が限られているランチ営業では、少しでも早く会計を済ませることができるように、シンプルな値段設定にすることもお客さんへのサービスとなる

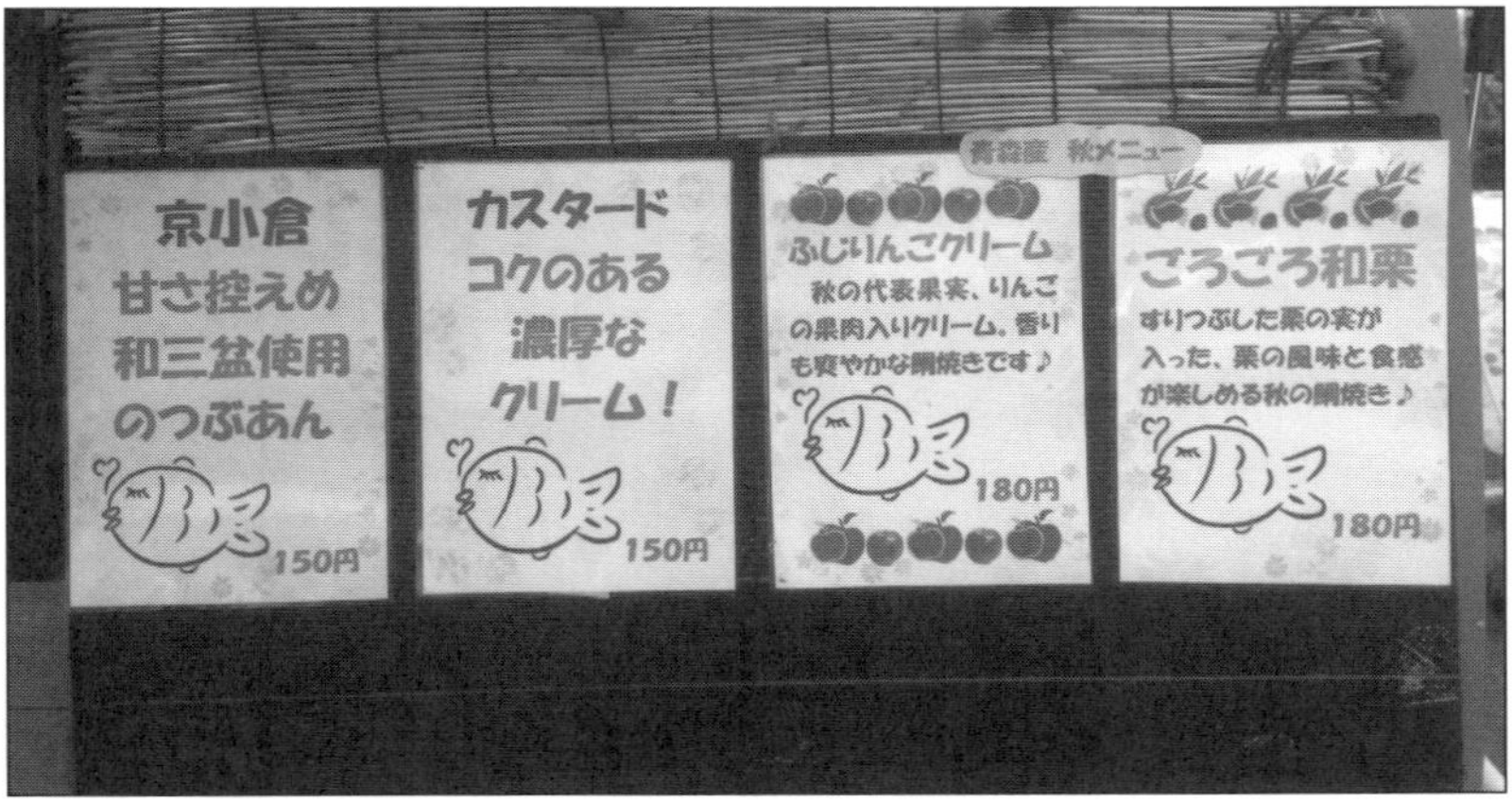

軽食系アイテム

単価の低い軽食系アイテムは、10円刻みで適正な価格設定を。イベントなど、対応やわかりやすさが重視される現場では、単価を変えることもある。レジの導入は出店先への信用にもつながる。近頃は、スマートフォンやタブレット端末などのレジアプリを使う移動販売も増えている

06 商品に旬と郷土を取り入れよう

●定番メニューに四季折々の旬を加える

定番のラインナップに季節の旬を取り入れることで、上手にメニューに変化やアクセントをつけている移動販売もいます。

和の甘味処「sweets 和甘」のたい焼きは、定番の小倉あんなどは基本メニューとして常にありますが、春には桜クリーム、秋にはマロンと、旬の季節メニューが加わります。

移動販売を通して、「和＝なごむ、つながる」という日本のよさを伝えていきたいと考えている和甘。「メニューの中でも、四季折々に旬の素材がある『日本らしさ』を伝えたい」と言います。

●地元の食材のおいしさを伝えるための商品

自分の故郷や生まれ育った地元に愛情や愛着を持つ人は、商品に自分の大好きな郷土を取り入れていくのもいいかもしれません。

「ショコラブランカフェ」は地元にとても愛着を持っている移動販売。地元成東《なるとう》の名産であるイチゴの季節には、イチゴが主役のクレープがラインナップに加わります。イチゴのクレープ自体は普通ですが、ショコラブランカフェが違うのは、成東の朝摘みイチゴだけを使っているところ。その日に収穫したイチゴを地元の農家さんにとっておいてもらい、毎朝、その日使い切れる分だけを仕入れています。

ショコラブランカフェにとって大切なのは、単にクレープにイチゴを使うことではなく、地元成東のイチゴのおいしさを多くの人に伝えていくことです。ブログで「さちのか」「とちおとめ」「紅ほっぺ」など「今日のイチゴ」を紹介しています。

このような地元愛、郷土愛には嘘がありませんので、それはプラスアルファーの価値としてお客さんに伝わります。

桜や栗、地元産のイチゴを取り入れた商品

「sweets 和甘」の春の商品・桜クリームのたい焼き

秋にはマロンクリームのたい焼を提供。旬・季節感を大切にしている

地元産のイチゴを使ったクレープが人気の「ショコラブランカフェ」のブログ。畑の様子や、朝摘んできたイチゴの写真をブログで紹介している

「誰もやってないから」の落とし穴

移動販売と言えば、昔は焼き鳥やたこ焼きなどが一般的でしたが、今では自分のやりたいアイテムで開業する人が多くなりました。

「これは日本でまだ誰もやってないから売れそう」「東京では見たことがないから売れるんじゃないか？」という理由で、見たことも聞いたこともないようなメニューで開業を考える方も増えています。

●認知されていないアイテムは売れにくい

自分が惚れ込んだ料理、商品を世の中に広めたい、というのは素晴らしい志だと思います。しかし、「誰もやってないものだから売れそうだ」という理由でそのアイテムを選ぼうとしているとしたら、要注意です。今、世の中に知られていない珍しいアイテムで参入するということは、たくさん売られていて、誰もが知るアイテムで参入するよりも、ハードルがはるかに高くなります。

売りやすい、売りにくい、ということで考えるならば、認知度の低い珍しいアイテムではなく、認知度が高く、多くのお店がやっているアイテムに自分なりの刺激を加えるほうが格段に売りやすいのです。

珍しかったり、一見マニアックなアイテムは、それを好む人たちから熱狂的な支持を受けることもあるので、「移動販売では珍しい商品を選んではいけない」ということではありません。また、そのようなお客さんたちのいるところへ自分が行けるのが、移動販売の大きな可能性とも言えます。

あまり知られていないアイテムを打ち出す場合は、お客さんがパッと見てどんな料理か、どんな味かをイメージしやすい工夫をするといいでしょう。「まほうのすうぷ屋」が、日本でまだあまり知られていない「カオソーイ」というタイ料理を提供する時には、のぼりに「カオソーイ」ではなく「タイ風ココナッツヌードル」という文字と写真を入れています。

耳慣れないメニューなら言い変える

アイキャッチとなるのぼりに「カオソーイ」ではなく「タイ風ココナッツヌードル」の文字と写真。カオソーイがどんな料理か、パッと見てイメージできるようにしている。ほとんどのお客さんは保守的で、知らない料理を掲げているキッチンカーには近づかない。店頭の看板では、さらに丁寧に紹介する

08 仕入れはどうしているのだろう？

「仕入れはどうしているんですか？」というのも、移動販売の開業を考えている人たちから多く受ける質問のひとつです。仕入れを考える際には、「どれだけ安い価格で仕入れられるか」に目が向きがちですが、移動販売のような小さな商いでは大切なことは、品質、鮮度、価格、安定、ロットなどのバランスです。

●主な仕入れ先

①卸業者、加工業者、生産業者から仕入れる

焼き鳥の鳥肉やたこ焼きの蛸など、日々の営業の中で大量に使う素材は、品質・量ともに安定していることが求められます。こうした食材は業者さんと取り引きし、必要に応じて配達してもらうとよいでしょう。

②最寄りの小売店やスーパーで仕入れる

常温や冷凍で保存の効かない生鮮食品など、鮮度が大切な食材は、日々、使い切ることが大切です。翌日、翌出店の必要量をその都度仕入れます。

③業者用スーパー、業者兼用小売店で仕入れる

必要な時に必要な量を、安定した品質と価格で欲しい素材は、一袋からでも、ケースでも、その日に必要な量を必要なだけ仕入れることができる業者用スーパーを上手に使っている方が多いようです。価格だけをみれば、もっと安いところがある、と感じることも多いでしょうが、そこに行けば今日の仕入れが一箇所で済む、というような量と質と価格をそなえたこのような仕入先は、変則的なタイムスケジュールの中で仕入れの時間をやりくりしている移動販売には強い味方です。

④生産者から直接仕入れる

オーガニック野菜やお米など、自分が惚れ込んだ食材や自分の想いを伝えたい素材の場合、直接、生産農家さんから仕入れることもあります。このような移動販売は、本当にその食材に惚れ込んで、生産者さんとも厚い信頼関係で結ばれています。

仕入れ先の例

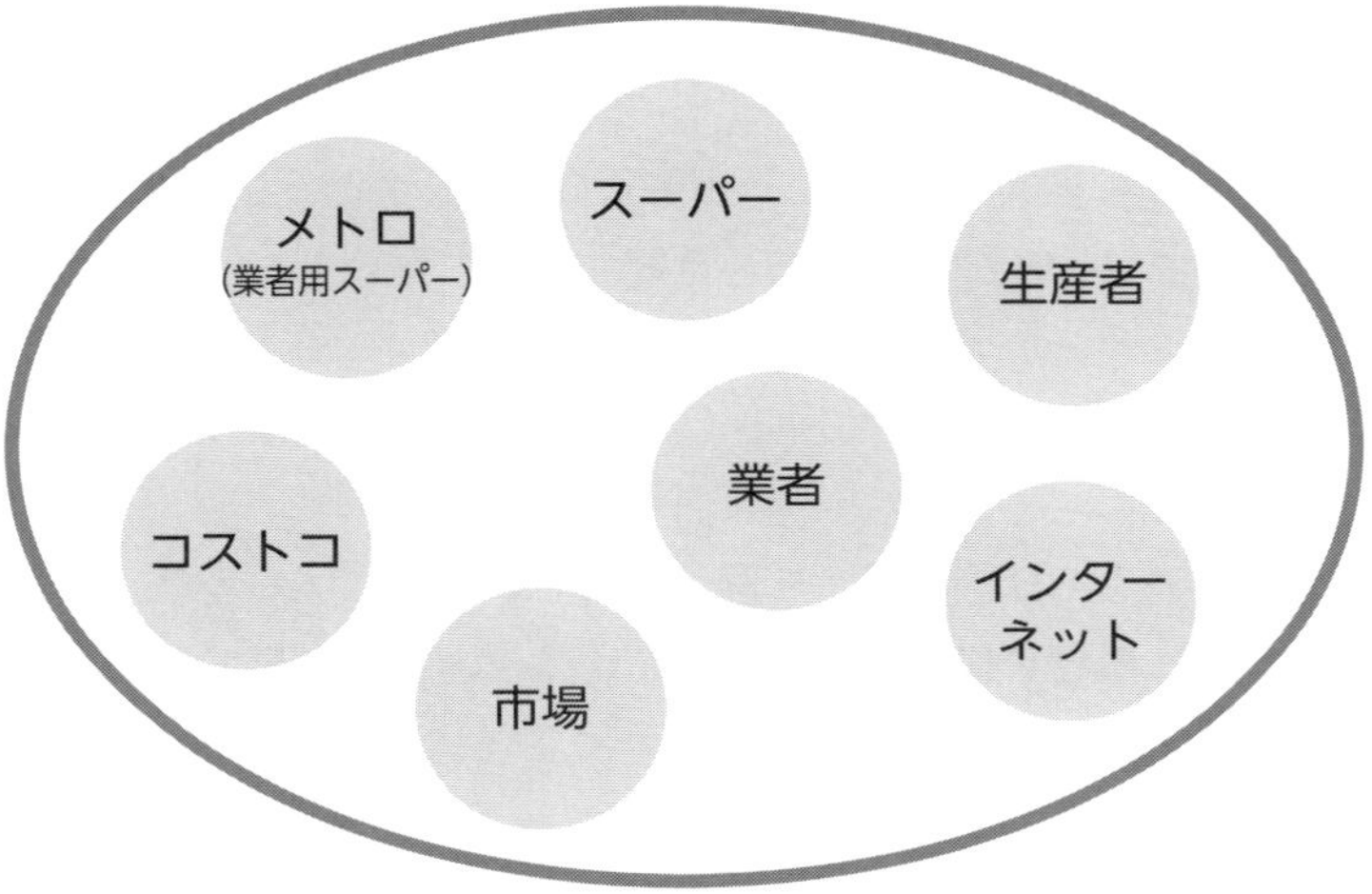

仕入れ・引き取り日をスケジュールの中に組み込もう

月	火	水	木	金	土	日
休日	通常出店 発注	通常出店	火曜発注分の引き取り、仕入れ、週末準備	通常出店	イベント出店	イベント出店

配達してもらうにしても、１人で営業していると出店中に受け取ることができないため、引き取り日を設けておく

Column

仕込みをどこでするか？

本文で触れたように、キッチンカーの営業許可を取得する際、仕込みの必要なアイテムで開業するなら、保健所の許可を得た仕込み場所を確保する必要があります。自宅での仕込みは認められていません。ということは、仕込み場所をつくるための初期投資と、仕込み場所の毎月の家賃が発生することになります。現場での出店料もありますから、家賃の負担は軽くはありません。

実際、どうやって仕込み場所を確保すればいいのでしょうか。

①自宅とは別に部屋を借りてキッチンを仕込み場所に改造する

居住するところと完全に分かれていなくてはならないので、自宅のキッチンを仕込み場所として改造することはNG。

②飲食店の居抜き物件を借りて仕込み場所として使う

この場合、仕込み場所からも収益を生み出せるよう、お店を何らかのかたちで営業させているケースが多くみられます。

③飲食店の営業時間外を仕込み場として使わせてもらう

知り合いの居酒屋の朝の時間帯を仕込み場として借りるなど。

④プレハブなどを置いて仕込み場所とする

郊外一戸建てで庭が広い人が選ぶ方法です。移動販売では何十食、何百食と同じものを仕込むので、機材・器具は大きく、数も必要です。自宅の小さな厨房サイズではまかないきれません。

⑤仕込み部分が少ないアイテムなら仕込み自体をなくす

たこ焼きなら、仕入れた生のたこをボイルして、カットする部分が仕込みにあたります。一方、現場で生地を流したり、鉄板で焼く行為は仕込みではありません。ですから、冷凍のカットダコを仕入れて使えば仕込み作業自体がなくなります。冷凍のたこを冷凍のまま使い切ることになるので、冷蔵・冷凍設備に不安がある場合、それも解消されます。

大切な相棒、
キッチンカーをつくろう

Part 5

01 出店スタイルごとに適した車がある

どのようなタイプのキッチンカーが自分に適しているかは、自身が望む出店スタイルや、選んだアイテムなどによって変わります。

お客さんとコミュニケーションをとりながら、コツコツとお客さんとの関係をつないでいきたい移動販売と、一定規模のイベントで早く捌いて大きく売ることを重視する移動販売では、適したクルマが違います。

ここでは代表的な3タイプと、どのタイプがどのような移動販売に向いているのかを紹介します。

●軽ワゴンタイプ

もっとも低価格で購入でき、小回りがきき、お客さんとの距離が近いのが魅力です。

スペースが狭く、調理スペースも限られるので、大きなイベントでも稼ぎたいという人には向きませんが、日々お客さんとの関係をつないでいくスタイルに適しています。

●軽ボックスタイプ

軽トラックのベース車に、調理販売のできるボックスを載せたタイプです。ベースは軽自動車ですが、このタイプはある程度の規模のイベントに対応できます（アイテムによる）。自動車部分とボックス部分が分かれているつくりのものは、ベース車が傷んでもボックスを載せかえればよい、という利点があります。

●普通車バントラックタイプ

ここまで大きくなると、車内に業務用のコールドテーブルや大掛かりな調理機材なども積め、大きな中華鍋を振ることもできます。水を大量に使わない限り、本格的な調理も可能です。小さなスペースには停められないため、通常出店では持て余してしまうこともありますが、イベントで大きく稼ぎたい人には向いています。

キッチンカーの主なタイプ

軽ワゴン

軽ボックス

普通車バントラック

02

自分の好きな世界を思いっきり表現しよう！

商品と並んで、自店の「らしさ」を最もお客さんに伝えてくれるのがキッチンカー。自分の好きな世界がある人は、「思いっきりその世界観を表現していい」のが移動販売です。

明快なコンセプトを持った商品は、お店（店主）の世界観が表われたキッチンカーで販売されることで、より強いメッセージをお客さんに伝えることができます。

●内装も外装もタイ一色で埋め尽くす

タイ料理で開業した「メイノブ食堂」の「nico号」は、ボディーをキャンバスに、自分が愛してやまない〝タイの世界〟が一面に描かれています。車内にはタイの小物が散りばめられています。キッチンカーが表現している世界観が、メイノブ食堂のタイ料理をより「メイノブ食堂らしく」お客さんに伝えてくれています。

もし同じ料理であったとしても、殺風景なキッチンカーから出された商品であれば、お客さんは今と同じような印象を持つことはないでしょう。

●「ロックンロール」を思いっきり表現

「ロックなカレー屋YASS」の「YASS号」も、自店の強力なメッセージである「ロックンロール」を思いっきり表現したキッチンカーです。外装には本物のギターが飾られ、看板や文字に至るまで〝YASSワールド〟で埋め尽くされています。

この、世界観を思いっきり表現したキッチンカーが、YASSカレーという絶対単品のメッセージをお客さんにより強力に伝えていると言えるでしょう。

コンセプトや世界観をキッチンカーで表現することは、自店の商品をより強く伝えてくれると同時に、その世界観に共鳴するお客さんたちと、商品の味を超えて強い関係を築くことにもつながります。

細部まで自分の好きな世界を表現

「ロックなカレー屋」の世界が思いっきり表現された「YASS 号」。一見、売上には関係ないように見える細部に至るまで、「好きな世界」が思う存分表現されています。車も料理も、自分が伝えたいものを、自由に思いっきり伝える、伝えていいのが移動販売

03

キッチンカー製作、購入のポイント

開業するにあたって、圧倒的に大きな投資になるのがキッチンカーの製作と購入です。

自分がやろうとしているアイテムや商売の大きさ、コンセプト、開業時期などを考慮して、納得のいくキッチンカーをつくってください。

●キッチンカー製作を依頼するポイント

車の製作をどこに頼むか？　どこまで頼むか？　これは開業の大きなポイントになります。

インターネットで検索すると、安くつくってくれるところ、しっかりつくってくれるところ、かわいくつくってくれるところ、いろいろな業者が出てくると思いますが、それぞれに得意とするキッチンカーのタイプがあります。

同じ価格でも、どこまでしっかりつくるか、どこまでアフターフォローをしているかは、今のところ基準がないのが移動販売業界の現状です。完成したキッチンカーの価格相場は、軽ワゴン、軽ボックスなどタイプ別につくられてきたものの、キッチン部分の造作だけをみても、どこまでつくり込むかは業者によって大きな幅があります。見た目と価格を比較しただけでは、よし悪しがわかりにくいのがキッチンカーです。

大切なのは、品質やアフターフォローと価格のバランスですので、相見積もりをとって安いところに決めるのではなく、製作された車を見て、その業者の実績を確かめ、話してみてから、かけがえのない相棒となるキッチンカーの製作を依頼してください。

●業者との関係は開業後も続く

業者さんとの関係は、追加のカスタマイズ、修理、車検など、開業後も続きます。

信頼関係を築くことが重要なので、「交渉する」というスタンスではなく、「相談しながら一緒につくっていく」という関係を意識するといいと思います。

キッチンカーの入手法とポイント

1 原車を購入して、自分でカスタマイズする

メリットは資金を抑えられるところ。はじめから 100%満足のいくものはできなくても、開業後、お店の変化に合わせて自分が使いやすいようにキッチン部分をつくりかえやすい。デメリットは、時間がかかることや、あまりに粗悪なつくりだと信用を落として出店の機会も失ってしまうこと

2 原車を購入して、カスタマイズを業者に依頼する

「窓枠を切断するなど大掛かりな部分は依頼し、内装は自作する」など「どの部分のカスタマイズを依頼して、どの部分を自分で制作するのか？」を明快に。原車持ち込みのカスタマイズについては、車の持ち込みを歓迎するところと、車からトータルで依頼をしてほしい業者にはっきり分かれる

3 原車からカスタマイズまでを業者に一括して依頼する

同じ価格帯でも、車のクオリティーやアフターフォローの充実度などは、業者によって幅があり、普通の中古車のように「この車ならいくらくらい」と相場を計れない。値札の高い安いだけではなく、価格とクオリティーのバランスを考え、開業後、車のことを何でも相談できることが大切

4 中古車を業者、オークションなどで購入する

一番早く、完成した移動販売車を手に入れられる方法。移動販売中古車の健康状態は、前オーナー（前々オーナー）の営業スタイルや使い方によるため、走行距離から判断できない部分も多く、目利きは難しい。現地に行って、実際に車を確認して決めること。見た目のかわいらしさ、きれいさだけでなく、「これから販売車として何年も走る」ことが大切

出店場所を貸す側が、どのようなキッチンカーだったら来てもらいたいか？
出店を依頼する業者側が、どのようなキッチンカーに仕事を頼みたいか？
に思いを巡らせ、「商売で活きる」車を製作することが大切

04

キッチンカーを自作する時のポイント

「車の製作段階から、自分の世界を思うように表現したい」という方は、自分でカスタマイズするのも手です。

●キッチンカーを自作する2つのメリット

自分でキッチンカーを製作するメリットは、やはり安いということ。

そして、開業後に改善しやすいというのも大きな魅力です。どんなに考えてつくったとしても、はじめから100点の販売車はまずできません。実際に使ってみて、足りない点、使いにくい点を少しずつ改良していくのが現実的です。自身の成長に合わせて、車を使いやすいように育てていけるのは、自作だからこそのメリットです。

ただし、車を切断して窓枠をつくるなど大掛かりな改造となると、自分では太刀打ちできないことが多いと思いますので、専門的なところは専門業者に頼んで、内装をカスタマイズしてみるのもいいでしょう。

●保健所が定める基準

自作する時に知っておかなければならないのは、保健所が定める販売車の基準です。

細かい基準は管轄の保健所によって違いますが、どの地区でも共通するのは「給水タンク、排水タンクの容量は基準を満たしているか」「運転席と調理販売する場が壁でしっかり区切られているか」「シンクの数は基準を満たしているか」「換気設備があるか」などです。カスタマイズに入る前に、営業許可を受ける地区の保健所に相談してください。

いくら安くつくったとしても、あまりに見た目にもオンボロのキッチンカーは、出店場所を獲得する営業活動をはじめ、その後の商売に影響を及ぼします。「商売で活きる」車を製作してください。

調理営業を行なう営業車の設備例

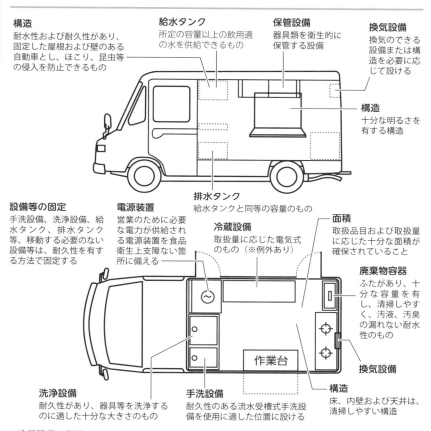

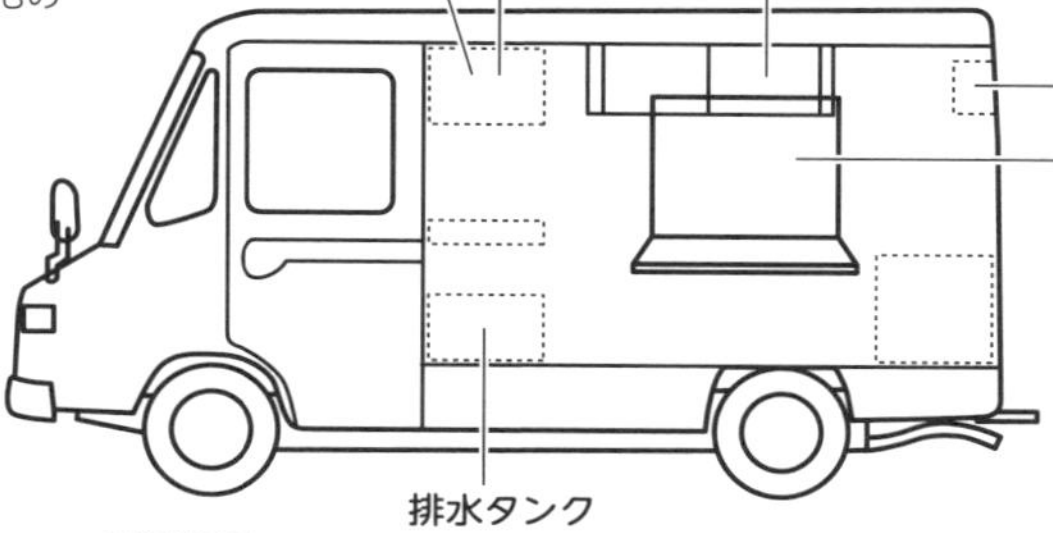

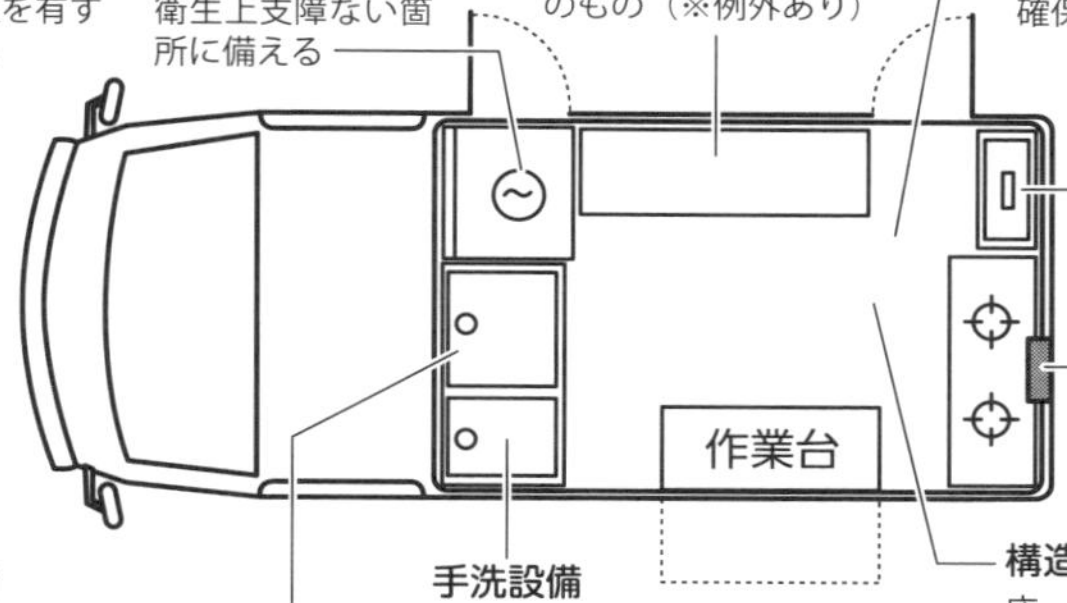

構造
耐水性および耐久性があり、固定した屋根および壁のある自動車とし、ほこり、昆虫等の侵入を防止できるもの

設備等の固定
手洗設備、洗浄設備、給水タンク、排水タンク等、移動する必要のない設備等は、耐久性を有する方法で固定する
電源装置
営業のために必要な電力が供給される電源装置を食品衛生上支障ない箇所に備える

取扱量に応じた電気式のもの（※例外あり）
面積
取扱品目および取扱量に応じた十分な面積が確保されていること
廃棄物容器
ふたがあり、十分な容量を有し、清掃しやすく、汚液、汚臭の漏れない耐水性のもの
作業台
換気設備
洗浄設備
耐久性があり、器具等を洗浄するのに適した十分な大きさのもの
手洗設備
耐久性のある流水受槽式手洗設備を使用に適した位置に設ける
構造
床、内壁および天井は、清掃しやすい構造

※冷蔵設備の例外
冷蔵を必要としない食品のみを取り扱う場合は、冷蔵設備を設けなくてもよい

食品・食器類の取扱いと給水タンクの容量（東京都の例。自治体ごとに異なる）

食品及び食器類の取扱い	給水タンクの容量
多量の水を要する調理加工は行なわない。 提供する食品は単一品目に限る。 食器類は１回限りの使用とする。	40 リットル以上
多量の水を要する調理加工は行わない。 食器類は１回限りの使用とする。	80 リットル以上
上記以外の場合	200 リットル以上

所定の容量以上の飲用適の水を供給できるもの
保管設備
器具類を衛生的に保管する設備
換気設備
換気のできる設備または構造を必要に応じて設ける
構造
十分な明るさを有する構造
排水タンク
給水タンクと同等の容量のもの

「自動車による食品営業に係る営業許可等の取扱要綱」（東京都福祉保健局・保健所）より作成

05 レイアウトに迷ったらメインの販売口から発想する

飲食店や菓子製造の営業許可を取得するための基準はわかっても、飲食業の経験がない方の中には、「では、車内に何をどのように配置すればいいのか検討がつかない」という人もいるかもしれません。

そんな時は「販売口の前に何を持ってくるか?」から考えるとよいと思います。販売口は、お客さんと対面して接客する、多くは魅せ場となる場所です。

焼きそば、たこ焼き、ステーキ丼など、鉄板を使うアイテムであれば、販売口の前には鉄板を置いて、「焼き」をお客さんに魅せる場とするケースがほとんど。

クレープのようなアイテムであれば、お客さんの前に「焼き」を持ってくるか、「トッピング」を持ってくるかに分かれます。

カレーやスープなどのアイテムであれば、ここにはカレー鍋やスープジャーなどを置くのが一般的です。

いずれにしても、魅せたい工程に使う道具を販売口の前に設けるのが適切です。

●横から・後ろから、両方から提供できるようにする

そこに何を置くかが決まると、調理から商品提供までの導線を考えることで、何がどこにくるのかはある程度決まります。

軽自動車なら、車内の台はL字型に組むことが多いでしょう。スペースが狭いので、車内の配置パターンは限られます。導線に沿って流れるように商品を提供できるように、他の道具の置き場を決めていきます。

首都圏でのランチ販売など、狭いスペースでの販売も予想される場合は、「横から」と「後ろから」、どちらからも販売できるように想定しておいたほうがいいと思います。

開業前によく考えたほうがいいのは、メインの販売口をどう使うかです。その他は開業してから使いやすいよう、提供しやすいように改良していきましょう。

お客さんに何を魅せるか？　でレイアウトを決める

メインの販売口を内側から見たところ。カレーが主力アイテムの「スパイスプリムラ」はここにカレー鍋を置いている

軽自動車の車内はほぼL字型で、レイアウトの選択肢はあまり多くはない。この中で導線を考え、他の機材や道具の配置を決めていく

後ろの販売口。首都圏のランチ出店ではスペースが限られるため、横から販売できないことも多い

06

季節・天候に対応できる車をつくる

夏は暑く冬は寒い。

移動販売は、1年を通して季節・天候の影響を受けます。季節・天候に対応できる車にすることを考えて製作しましょう。

●車を製作する際に「強風対策」も

意外に感じられるところでは、多くの移動販売を悩ませているのが「風」です。強風で焼き台やコンロの火が飛んだら調理に影響が出ます。

キッチンカーを製作する時点で、「強風時対策」を考えたカスタマイズをしたほうがいいでしょう。

看板やのぼりなどの外装が飛ばされると、人を怪我させたり、車を傷つけたりする恐れがあるので、強風の日は看板などを表に出せないこともあります。

●夏は熱中症、食材管理の対策を

空調の効いた快適な環境での販売はありません。特に夏の暑さは、車内の環境や扱うアイテムによっては対策が必須でしょう。

車内で火を使うと、夏の炎天下での車内温度は50度を超えます。水分を十分に摂るように気をつけていても、軽い熱中症のようになった経験のある人は少なくないと思います。

保冷剤を首に巻いて動脈を冷やしたり、スポットクーラーを導入したりと、人によってさまざまな工夫をしています。

同時にこの環境は、食材の管理にも大きな影響を与えます。車内の設備は保健所の基準を満たしていても、食材の管理には細心の注意が欠かせません。

働く自分たちにとって厳しい季節・天候の日は、外で待つお客さんも同じ環境に置かれています。「お客さんが待ってくれる環境を少しでも改善する」という視点を持って対策を講じましょう。

移動販売でつらいこと

夏の暑さ	アイテムによっては、炎天下での車内温度が 50℃を超えることも
冬の寒さ	外で待つお客さんにもつらい環境
雨・雪	イベントでは、見込んでいた売上がゼロになることも
風	車内：料理のクオリティが保てない 車外：看板などが飛ばされて危険

暑い、寒い、雨、雪など、季節や天候の影響をダイレクトに受けるのが移動販売。中でも1年中悩まされるのが「強風」。パラソルなどは、突風で飛ばされないよう、備えてある台ではなく、直接車に固定することが多い

07 移動販売は、人も車も健康第一

●車の不調＝売上と信用を失うこと

移動販売をはじめてみると、自身の健康と同時に、キッチンカーも「健康体」であることがいかに大切かを実感します。

自分か車のいずれかが調子を崩して現場に行けなくなるということは、出店しないことでその日の売上がゼロになってしまうだけでなく、信用を失い、将来の売上を失うことにもつながります。

失った売上は出店して取り戻すしかありませんが、キッチンカーが故障していてはそれもできません。

開業前の車選びでは、価格や外装のデザインなどに魅かれがちですが、何より、〝健康状態が良好〟なキッチンカーで開業することをお勧めします。

いつ止まるか、いつオーバーヒートするかわからない状態で営業を続けるということは、自分が健康不安を抱えながら営業を続けているのと同じです。

実際、私も車の調子が悪い時には、「今週末のあの現場は行けるのか？」「少し遠い場所の依頼を受けられるのか？　穴は空けられないし……」など不安が絶えません。

販売車は、現場まで走って行くことができてはじめて「稼ぐ」ことができます。10万円安く買えたとしても、すぐに故障してしまう車であれば、「稼ぎを失う」ことになるのです。

このようなことが日常的に起こっているのが、移動販売の現場です。

では、どうやって健康な車を見極めればいいかと言うと、走行距離は目安にすぎず、目利きは素人には難しいのが実情です。どこで車を製作、購入するかが、大切なポイントになります。

大切な相棒となるのですから、見た目だけでなく、健康な1台を選んでください。

車の故障は命取り

車が故障

現場に行けない…今日の売上

信用をなくす…将来の売上

移動販売車は現場まで走ってこそ、お店となる

業者選びのポイント

1 エンジン部分をどれだけ気に掛け、サポートしているか

2 キッチン部分のクオリティーと価格のバランスは適正か

3 開業後も車のことを何でも相談できる信頼関係を築けるか

08

調理の熱源はガスが原則

移動販売で調理をする際の熱源は、ガスか電気を選択することになりますが、現時点ではガスが圧倒的多数を占めます。

出店場所によっては、外部コンセントから電気を引ける現場があったり、そうでない場合には発電機を持参することもできますが、いずれにしても現場で使える電気には限りがあります。

電気の調理器具で1500ワット以上を使うとなると、大抵の場所ではひとつのコンセントから得られるワット数を使い切ってしまい、冷蔵庫や照明などの電気が足らなくなります。

商業施設などのコンセントから電気を引ける場合でも、自動販売機と一緒であったり、容量すべてを自分が使えるとは限りません。

無理に電気を使おうとして、現場でブレーカーを落としてしまっては、出店先に迷惑をかけたり、イベント会場では混乱を招くことになります。

ですから、鉄板で焼いたり寸胴で温めたりする調理の熱源はガスが原則。

カフェのエスプレッソマシーンや電子レンジなど、電気の工程を外せない場合には、発電機が必須です。電気が借りられない場所なら、すべての調理器具プラス冷蔵庫や照明などすべてをまかなうワット数に足りる発電機を準備してください。

発電機を選ぶ時は、必要な電量をまかなえることが第一条件ですが、騒音を嫌う出店場所も多いので、同時に音が小さいことも優先すべき条件です。

●プロパンガスの取り扱いの注意点

10キロ以上のプロパンガスを扱う場合には「高圧ガスステッカー」と注意書、定められた工具を積むことが義務付けられています。取引をするガス屋さんから購入してください。

LP ガスの大きさ選びの目安とポイント

●5キロ

保温したり、現場で軽く温めるのにガスを使う場合に適している（あらかじめ仕込んでおいて、現場で温めるスープや煮込み料理など）。クレープなど弱火で焼くアイテムも、5キロで対応している場合がある。たこ焼きなど、強火で調理し続けるアイテムだと、売上によっては1日、2日でなくなってしまうので、不適切。

5キロ、8キロ、10 キロの LP ガス

●8キロ

軽自動車の規模の小さな移動販売は、8キロのガス2本までは高圧ガスのステッカーを貼る必要がないこともあり、このサイズを使う移動販売が増えている。ランチアイテムで保温程度に使うのであれば、1ヶ月くらいもつことが多い。火を大量に使うアイテムは、8キロ以上を選ぶのが現実的。

●10 キロ

自動車に積める、1人でも持てるということから、移動販売で最も多く使われている。軽自動車で保温程度に火を使う移動販売には必要ない大きさ。イベントなどで1日に大量に売る移動販売も、ガスは10キロを使っていることが多い。高圧ガスステッカーの表示、イエローカードの携行が義務づけられている。

高圧ガスステッカー

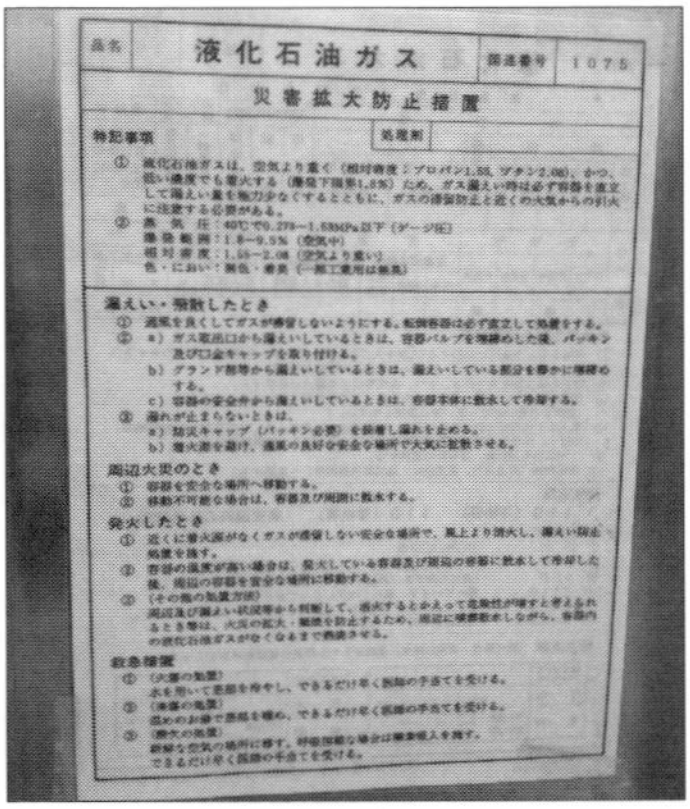

イエローカード（高圧ガスの取り扱い注意点や緊急連絡先が記載されている黄色い紙）

09

発電機選びのポイントと取り扱い注意点

「調理器の熱源はガスが原則」と書きましたが、照明や冷蔵庫・冷凍庫などに使う電気も必要です。

外部から電気が引けない出店場所も多く、そのような場合は発電機で対応します。

また調理器も、オーブントースターや電子レンジ、カフェのエスプレッソマシーンなど、電気の調理器が必須となるアイテムで開業する方もいるでしょう。

電気がいっさい引けない現場で、自店が使う電量をすべてまかなえる、ということが発電機選びの条件です。スポットライトや小さな冷蔵庫だけであれば500ワットで足りますが、調理器の熱源が電気の場合には、調理器だけで1500ワットを必要とするケースが多いでしょう。片手で手軽に運べる発電機ということになると、1500ワットをまかなえるものまで、それ以上の出力になると、片手で持ち運ぶのは難しくなります。

音については当然、静かなものがどの現場でも好まれます。

●発電機の取り扱いには細心の注意を

発電機は、揮発性が高く常温で引火するガソリンを扱っています。静電気でも瞬時に引火することがある点に留意し、取り扱いには細心の注意を払いましょう（左ページ参照）。

具体的には、次の点に気をつけて扱ってください。

- 消火器を用意する
- 稼動時は予備燃料の携行缶を近くに置かない
- 給油時は必ずエンジンを停止
- 給油前には必ず気化したガソリン蒸気を排出
- 発電機の周りにものを置かない
- マフラーからの排気を絶対に塞がない

また、開店前に燃料を満タンにしておいて、営業中に補給しないようにする、という準備も大切です。

イベント時に消防から配布されたチラシ

屋台販売の皆様へ　―もしものために消火器を必ず設置してください―

⚠火気取り扱いの注意事項⚠

≪ガソリンの危険性≫

発電機等の燃料であるガソリンは、引火点が－４０度と低く、常温で容易に引火する特性があり、また、揮発（蒸発）しやすく、その蒸気は空気より重く、地面に滞留しやすいため、離れた場所にある電気機器等でも引火のおそれがあり、静電気等の火気で瞬時に引火し、爆発の危険性があります。

ガソリン携行缶

【保管方法】※携行缶近くに消火器（粉末消火器）を準備すること。

◆ガソリンは、消防法令に適合した金属製容器等（携行缶）に保管すること。
◆携行缶は、高温、直射日光下に置かないこと。（不燃性シート等で覆う）
◆ガスこんろ、発電機などの火気から離れた場所に置くこと。
◆エア調整ネジ、キャップをしっかり締めること。盗難、いたずらに注意すること。

発電機稼働時は近くに携行缶を置かない

【取扱方法】

◆携行缶で発電機に給油する時は、必ず、エンジンを停止すること。
◆給油する前に、必ず、エア調整ネジを開け、気化したガソリン蒸気を排出すること。
◆給油する時は、気化した蒸気により引火・爆発の危険があるため、周囲に火気がないことを確認し、換気の良い場所で行うこと。

エア調整ネジを開ける

稼働時は絶対に給油をしない

発電機

◆発電機（特にマフラー部）は、高温になるため、人の出入りする場所以外の換気の良い場所に置き、周囲に段ボールなどの紙類、ガソリン携行缶を絶対に置かないこと。
◆屋外で発電機を使用する時は、マフラーからの排気を塞ぐことがないように、風通しの良い場所に置き、一酸化炭素中毒に注意すること。

ガスこんろ、発電機の近くに可燃物を置かない

ガスボンベ

◆ボンベは平坦な地面に置き、転倒しないように鎖等で固定すること。
◆ボンベ、燃焼器具とゴムホースの接続は、ホースバンドでしっかり締め付けること。
◆ゴムホースのひび割れ、劣化、ガス漏れがないことを確認すること。

草加市消防本部（署）・消防団

Column

2台目の車を考える時。増車の理由とタイミングは？

軽自動車1台で開業した当初は、出店場所がない、足りない、定まらないなどなかなか安定しなかったのが、商売を続けてつながりが増えてくると、1台では対応できないことも発生します。「車がもう1台あったら、出店日がカブった現場にも行けるのに……」「もっと大きな車だったら、もっと稼げるイベントに出店できるのに……」というケース。

これは「商売が軌道に乗った」というよりは、開業してみて、さまざまな可能性がみえてきた時に、「自分はどの方向で売上を上げていくか」という選択を迫られる局面です。

通常出店に軸を置くなら、現状の現場の売上を上げていきたいと考えるでしょうから、2台目の車を考えるのは、現在の車をもっと見栄えよく、もっと使いやすくバージョンアップしたい時か、車の故障が多くなったり、走らなくなった時でしょう。

「より稼げる大きなイベントでもっと稼ぐ」という方向に価値を見出した人は、売れる現場でより多く売るために、大きな車が必要になります。今より大きな車を持つ、あるいは大きな車をもう1台持つという選択肢になるでしょう。

買い取り出店を含め、同じ日に複数の現場に出店することで売上を獲っていきたいと考える人は、“出店逃し”を少しでも減らすために車の数を増やす方向に動きます。1日に複数の現場で稼ぐためにキッチンカーを増やすという選択。

どのパターンも、必ずしも車種や外装などの面で自店のイメージを統一している訳ではなく扱うアイテムが違うことも珍しくはありません。

自分が活きる出店場所を獲得して育てよう

Part 6

01 成否を分ける最大のポイント出店場所はどうやって確保する？

●開業直後から毎日出店できるわけではない

キッチンカーを購入したからといって、それだけで商売をはじめられるわけではありません。自分の商品を「売る場」が必要です。

そのためには、移動販売に適する場所をリサーチして見つけ出す、出店したい場所のオーナーにアプローチして、交渉して借りられるようにする、こうした出店場所を獲得するための営業活動が不可欠です。

年間を通してずっと同じ場所で営業するスタイルなら、1ヶ所獲得するだけでよいのですが、曜日ごとに出店場所を変えてローテーションで回るのであれば、3～5ヶ所くらいは必要になります。

開業直後に、1週間すべての曜日を出店できるほどの場所を見つけられるわけではない、ということは想定しておきましょう。

●出店場所を確保する3つの方法

では、実際のところ、どうやって出店場所を確保しているのかと言うと、次の3つの方法があります。

①自身で営業をして獲得する
②業者に登録して斡旋を受ける
③個人的なつながりから声が掛かる

どうやって出店場所を確保するのかという問題を考えた時、一番はじめに思い浮かぶのは、①の「自身で営業する」という方法かもしれません。

現実はどうかというと、多くの人がこの3つの方法を組み合わせて徐々に出店場所を増やしていき、その中で出店、撤退を繰り返し、自分らしい出店スタイルを見つけています。

出店場所が安定するまでに1年くらいかかるとみておいたほうがよいでしょう。

出店場所はおもに３つの方法で獲得する

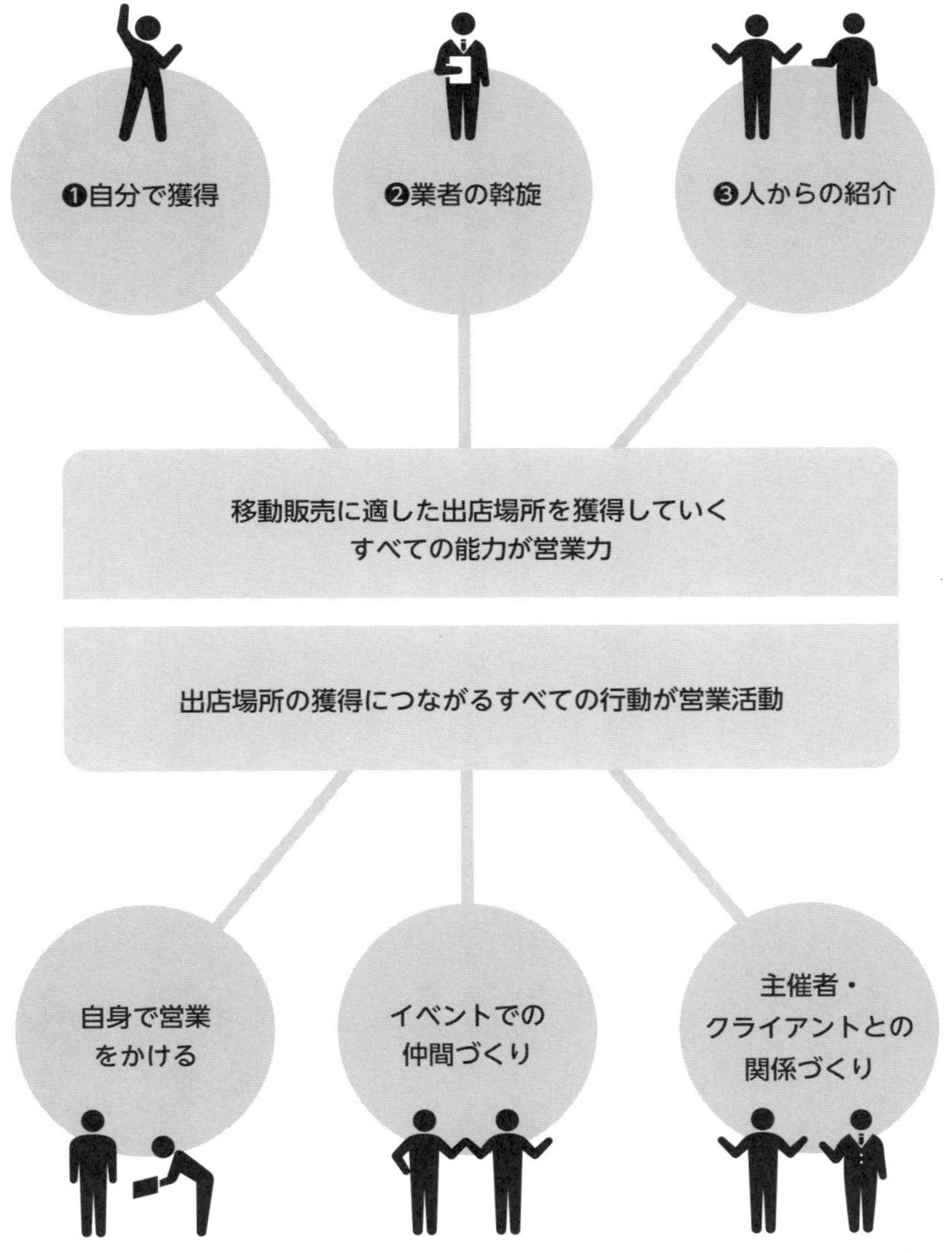

出店した場所で売上をつくる「販売力」＋出店場所を確保する「営業力」いずれも不可欠

02 出店場所を確保しよう①自身で獲得

●お金を出しても買えないのが出店場所

自身で営業をして出店場所を獲得するというステップは、開業する際の最大のポイントであり、難所と言ってもいいかもしれません。

商品は自由につくれますし、キッチンカーもお金を出せば買えます。唯一、出店場所だけは、お金を出せば買えるというわけではありません。しかし、出店場所がなければ商売をはじめることもできないのです。

営業場所の獲得は、自分で自分の仕事をつくり出すという、移動販売の醍醐味でもあります。ぜひ、自身の場所を獲得してみてください。

●最強の営業ツールは車と商品

営業ツールとして、「名刺」「自店資料、キッチンカーの写真」「商売をはじめた経緯や想い」「自店のコンセプト」「写真付きメニュー」「食品衛生責任者証 or 調理師免許証コピー」「営業許可証コピー」「損害賠償保険コピー」などをファイルして持ち歩いているといいでしょう。

しかし何と言っても、最強の営業ツールとなるのは、車と商品です。キッチンカーと商品が完成しているのであれば、それを使ってプレゼンテーションしましょう。

その場合、ご自身の格好も、実際に商売をする時の制服などを着用するとベストです。

キッチンカーがなければ営業ができないわけではありません。キッチンカーが完成した後にプレゼンさせてもらえるよう、まずは名刺だけを持って営業をします。

出店場所獲得の営業は、何件か回ってすんなり決まることもあれば、20ヶ所、30ヶ所回っても全滅ということもあるので、あれこれ悩むことなく、思いきって飛び込んでみることをお勧めします。

自身で獲得する際に便利なツール

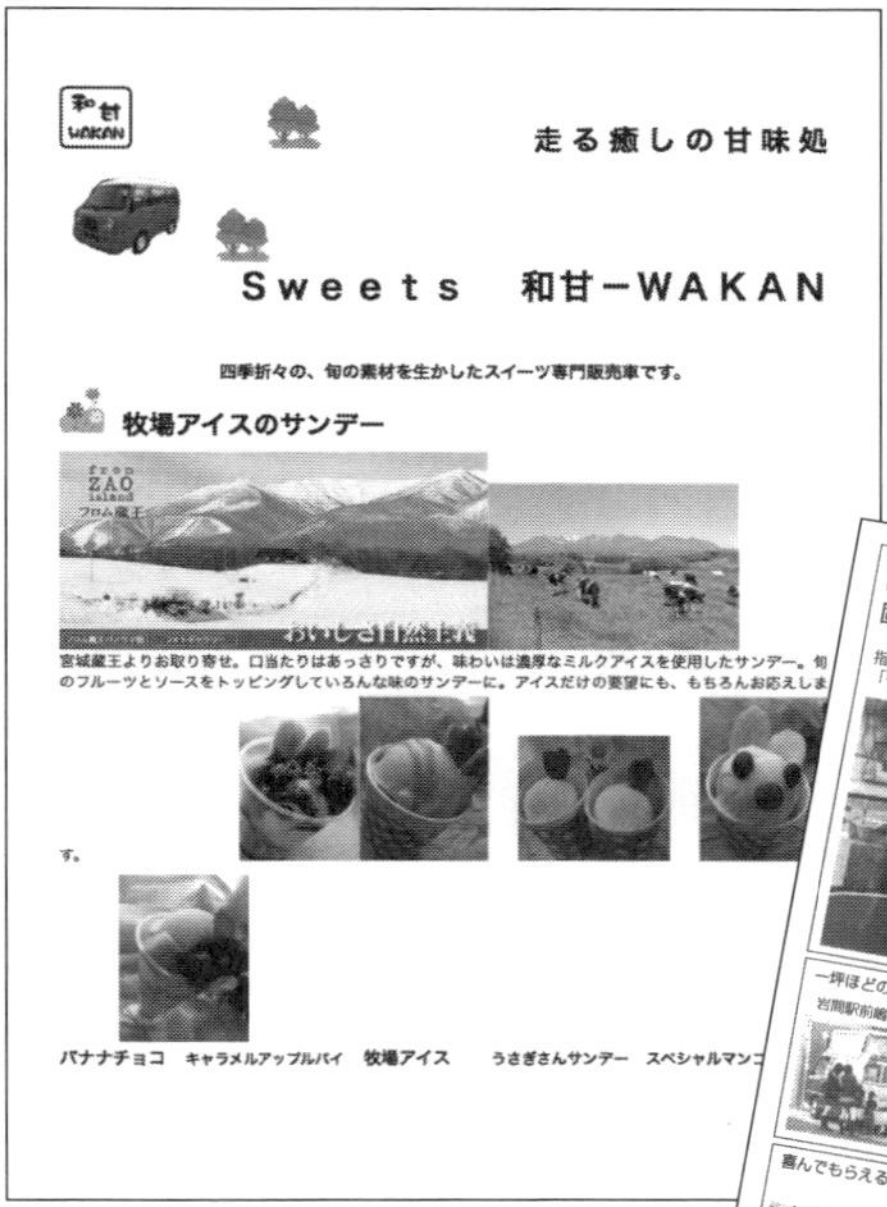

自店のメニューを紹介している「Sweets 和甘」の資料

これまでの実績を載せている「タコキュー」の資料

はじめての訪問時には、営業をかけて場所を獲得するのではなく、決裁権のある人・部署につないでもらうことを目的とする。商業施設であれば店長から本部担当部署に、駐車場やビルの敷地のような場所であれば、土地のオーナーにつないでもらう。重要なのは、ファーストコンタクトをとった人がどのような言葉で、どのような態度でつないでくれるか。自分がやろうとしていることと、相手がイメージしていることがまったく違うことも多いため、イメージのギャップを埋めて、その先につなげるために営業ツールを活用する

03

出店場所を確保しよう②業者に登録

インターネットで検索すると、移動販売の出店場所を紹介する業者がたくさんヒットします。移動販売の認知度の高まりとともに、近年、こうした仲介業が増える流れにあります。

商業施設に強い、大きなイベントに強い、買い取り出店に強いなど、それぞれ特徴がありますが、自分の出店スタイルと相性のいい業者との出会いによって、商売が一気に軌道に乗る方もいますので、開業後、どこかに登録してみるといいでしょう。

●ライバルの中から選ばれないと出店できない

ただ、登録したからといってすぐに出店場所が確保できるわけではありません。

今は多くの業者が１００台以上のキッチンカーを抱えていますが、実際には１人が出店場所や出店の機会を求めて複数の業者に登録しています。

登録している台数すべての出店場所を満たせる業者はありません。

出店場所を求めてキッチンカーがひしめき合う中で、実績のある出店場所、よいイベントと言われるところへは、登録している他のキッチンカーの中から選ばれなければならない、ということです。

●〝業者任せ〟では独立の醍醐味がない

また、そのような業者さんにぶら下がることで、働き方や考え方までが「派遣」のようになっていってしまっては「独立」の醍醐味がありません。

「業者の数はたくさんあるから、登録すれば出店場所はなんとかなる」という考えで準備を進めてしまうと、開業後に苦労することになりかねません。

自身で場所を獲得しつつ、つながりを広げていくということを前提に、「業者さんとは、頼りきることなく上手につき合っていく」というスタンスが、自分らしく働くことにつながると思います。

業者に登録する際の注意点

- 登録したからといって、出店場所が約束されるわけではない
- 業者によって、求めるキッチンカーのタイプが異なる

業者 A

「おいしさ」重視

業者 B

「販売数」重視

業者 C

「何にでも対応できること」重視

自身の価値観に合う業者に登録する

登録車を募集しているサイト

- **「PAWMO（パウモ）」** http://pawmo.jp/
- **「軒先 .COM」** http://www.nokisaki.com/
- **「移動販売 Navi」** http://idou-navi.com/
- **「ネオ屋台村」** http://www.w-tokyodo.com/neostall/
- **「YF　PLANNING」** http://www.yfp.in/
- **「移動販売どっとこむ」** http://idouhanbai-fej.com/
- **「エムズカンパニー」** http://www.gurumewagon.com/
- **「ドリームピノキオグループ」** http://www.geocities.jp/doramaphoto/
- **「C.B（ケータバンク）」** http://caterbank.co.jp/
- **「イベントワールド」** http://eventworld.jp/
- **「みんなの町の移動販売と屋台」** http://www.idouhanbai.net/

地域ごとに地域中心・地域密着の業者もあるので、地域名を入れて検索してみる。サイトで広く募集することはせずに、同業者の紹介制のところもある。出店場所は登録したからといって満たされるものではないので、開業時に出店の機会や場所を探すひとつの方法として登録するというスタンスがベター

04 出店場所を確保しよう ③人のつながりから

●同業者など、周囲からの紹介による出店が多い

自身で獲得する、業者に登録する、と見てきましたが、実は出店場所の多くは、「人のつながり」から得られています。

そのほとんどは、イベントや通常出店の現場で出会った同業者からの紹介ですが、その他、現場で商品を買ってくれているお客さん、以前の仕事関係の方、地域のコミュニティーのつながりから声が掛かって出店、というケースもあります。

むしろ、キッチンカーの絶対数が多く、同業者と出会う機会が多い首都圏では、「出店場所はすべて自分で獲得した」という方は、ほとんどいないかもしれません。今出店している現場は、自分で営業をかけて獲得した場所はひとつもなく、すべて人のつながりを通じて決まったもの、という方もいるほどです。

業者への登録が飽和状態にあるという業界の現状を踏まえて現実的に考えるなら、人とのつながりをつくることはとても大切です。

●日頃の商売への姿勢から判断される

声が掛かる理由は、「この移動販売に出店してもらいたい」とか、「この人と一緒に出店したい」ということなので、まず現場でコミュニケーションをとることが大切になります。

そして当たり前ですが、「いい商い」をしているということも、欠かせない要素です。

自分の大切な出店現場に、まずかったり、汚かったり、和を乱すようなキッチンカーに出店してもらいたい人はいませんから、同業者からは厳しい目で見られていることを忘れないようにしてください。

これがキッチンカーの絶対数が少ない地方だと、自然と同業者間の横のつながりは少なくなるので、自身で獲得する力がより一層求められるでしょう。

「人とのつながり」から出店場所を獲得する

同業者とのつながりから獲得する

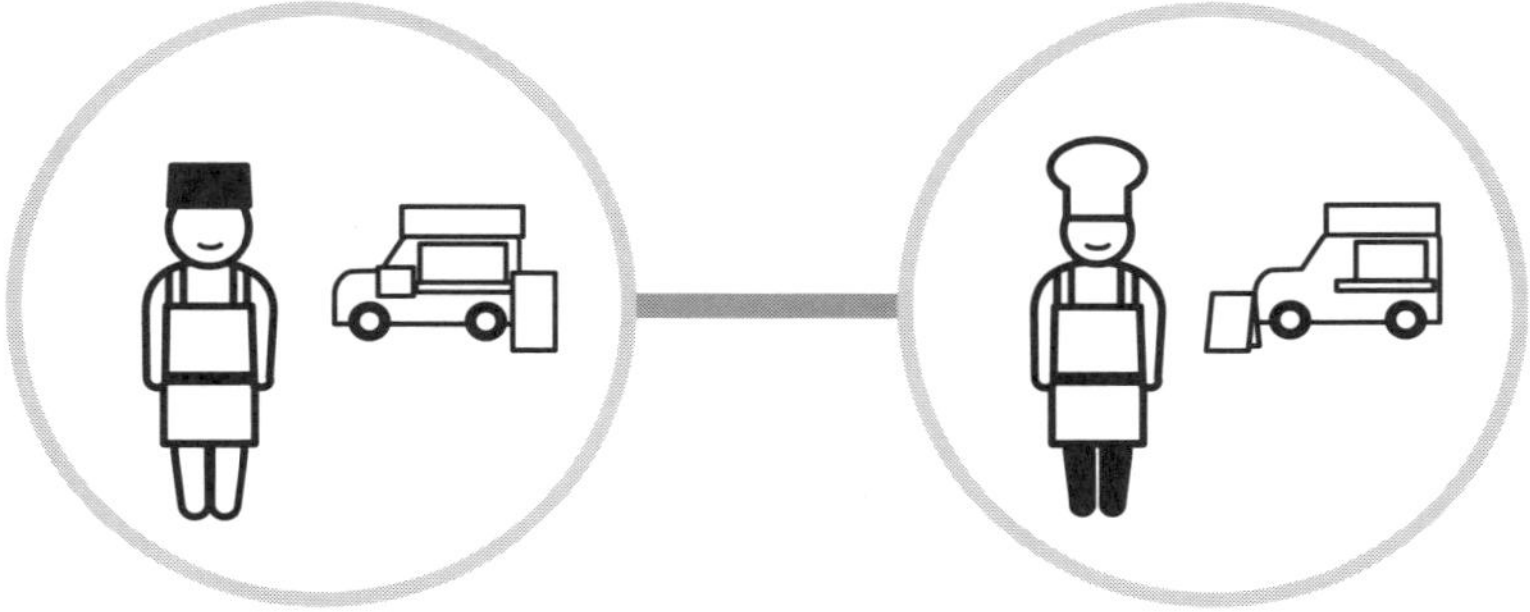

知人とのつながりから獲得する

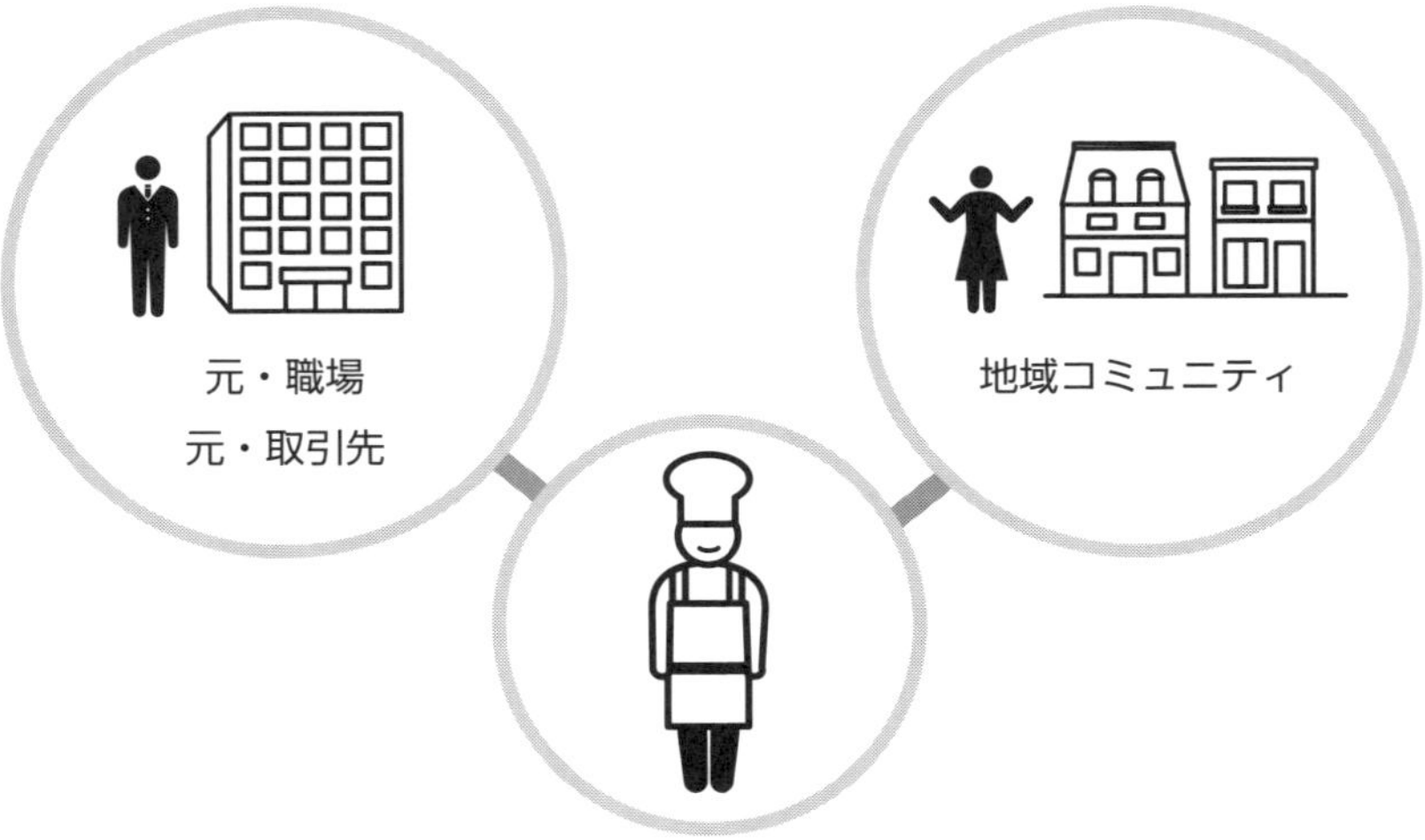

これまでやっていた仕事のつながり、地域のコミュニティーのつながりから「声をかけられるところはないか？」を考えてみるとよい。どんな営業ツールよりも、人の紹介が移動販売にとって一番の信用

05

まずは「お試し出店」してみよう

まず1回出店してみよう

どんな立地が自店のアイテムや営業スタイルと相性がいいのかは、「出店してみて確かめる」というのが移動販売に合う考え方です。

固定店舗だと「試しに出店してみる」ことはできませんが、移動販売なら難しいことではありません。

特に、開業したての人が自分にとってよい立地・悪い立地を判断するのは困難です。自分が出店してみたい場所が、本当に自分に適しているのかどうか迷ったら、思い切って「お試し出店」というかたちで話を持っていきましょう。はじめから本契約をするのではなく、まずは1回、あるいは1ヶ月間などの〝お試し期間〟を設けるのです。

事前調査には限界がある

出店してみることで、その場所にどんなお客さんがいるのかを、どんな調査よりも正確につかむことができます。

いざ出店してみると、お店の前を大勢の人が通り過ぎて行くのに、自店はまったく相手にされなかったり、反対に、人通りはほとんどないのに、ある時間になるとどこからか人が集まってくるなど、商圏人口や店前通行量などの調査ではわからなかった「厳しさ」や「手応え」が感じられるでしょう。

そして、自分にとっても、その場所のオーナーにとっても互いによい結果が得られた時に本格的に出店、という流れになればいいのです。

お試し出店は何よりも正確なマーケティングリサーチです。お試し期間に売上額やピークの時間帯などの数字を把握できるので、本契約をする際に、出店料や出店時間について適正な提案をすることができます。

「やってみることができる」という移動販売のメリットをおおいに活用していきましょう。

お試し出店は最良のリサーチ

お試し出店は、自分・出店先双方にとって「どれくらい売れる場所なのか」「どれくらい売れる移動販売なのか」を判断する最良のリサーチ期間。お互いによい結果が得られれば、本格出店に向けてその場所を育てていけばいいし、いずれか一方に手応えが感じられなければやめればいい。撤退しても大きなマイナスとならないのが移動販売の魅力

出店し続けるかどうかを決める判断基準

お試し出店1日

1日では判断がつかないものの、お客さんのつき方、出店先の反応、売上は伸びていくとしても、あまりに低い発進のところは、望まれていないか、荒れている場所。最終的に目標とする売上の1/3くらいはほしい（目標3万円だったら1万円）。

お試し出店1ヶ月

再来店のお客さんの数と反応をみる。3日から1週間くらい毎日のように来てくれる熱狂的なお客さんに出会えたか？　その後パタッと来なくなってもいいので、出店先が商業施設であれば、従業員さん・社員さんがお客さんとして買ってくれるか。

お試し出店3ヶ月

売上の推移をみる。数字にはっきりとした伸びがみられなくても、何度も来てくれるお客さんや、おいしいと言ってもらえることが明らかに増えてきたか？　「こないだ来たけどいなかった」というクレームは増えたか？

06

人通りが多いところが好立地とは限らない

出店場所というと、とにかく人の集まる場所をイメージしがちですが、必ずしも、商業施設のように人が集まる場所が好立地とは言えないのが現実です。

集客力のある先端的な商業施設ほど、その中の洗練された強いお店との競争に勝ち抜かねばならないからです。

●「学食のない大学」に出店して喜ばれている

手づくりを大切にするキッチンカーが毎日1台、曜日代わりでランチ出店している学校があります。

この学校は校舎が北と南に分かれていて、南の校舎は大きく学生も多く、学食も完備されています。しかし北校舎は小さく学生も少ないため、学食をつくるキャパシティがありません。

その小さな北校舎にキッチンカーが出店しています。周辺にあるのはファーストフードとコンビニエンスストアだけという状況で、曜日代わりで毎日違う移動販売が行くことで「本日の日替わりランチ」のような場ができています。

今では、食べてくれるお客さんからも喜ばれ、依頼主からも「来てくれて本当に助かってます」と言ってもらえる現場になりました。

週1回やってくるおいしい料理を楽しみにしてくれる場所、そんな出店場所が移動販売にはあります。

人通りの多い場所、集客力のある商業施設を追い求める〝コバンザメ的〟な視点から見ると、出店したいとは思えない場所に映りますが、そんな場所がとても豊かな場所に育っていくのです。

人が集まる商業施設ばかりに目を向けて、出店場所営業に行き詰まった時は、もう少し広い視野で自分の街を見渡してみましょう。

「売れそう」ではなく、「喜んでもらえそう」という視点で場所を育てていくと、結果的に幸せな商いにつながります。

路地裏にも穴場がある

都心の大学に出店しているキッチンカー。食堂などがつくれない小規模な施設だと、移動販売が手づくり・つくりたての料理で出店すると、おおいに喜ばれる。望まれて、喜ばれて、適正な売上を確保できる穴場がある

路地裏駐車場の出店例。人が溢れかえる大通りから一本入った路地。人通りはほとんどなく、フリーのお客さんをキャッチして商売が成り立つような場所ではない。お客さんの中心は、まわりで働いているショップ店員のみなさん。ランチタイムがばらけているので、ピークが重なることもない。「ここはそれぞれのお客さんと十分なコミュニケーションをとりながらランチ販売ができる、豊かな現場なんです」と、「まほうのすうぷ屋」村井さん

07 商圏人口の少ない地方でも成り立つ出店場所

ある地方の駅前に週1回出店しているのが、たこ焼きの移動販売「タコキュー」。この駅前にお店はありません。

コンビニなどの店舗が出店するには、駅の乗降客数や商圏人口が足りない駅前に、毎週1回、タコキューは出店しています。

駅前のタクシー会社の敷地内の、軽自動車がやっと1台止められるくらいの三角スペースがタコキューの出店場所です。

開店時間はだいたい16時〜20時の4時間程度。

●通りすがりではなく、わざわざ買いに来てくれる

「駅前」と言っても、乗降客だけで商売が成り立っているわけではありません。近所のお客さんたちがその週1回を楽しみに、通りすがりではなく、わざわざ買いに来てくれています。

「週1回の出店だから成り立つ場所。毎日ここでお店を開けたら成り立たない」とタコキューの辻さんは言います。

過去には出店日を週に2日、3日と増やしたこともあるそうですが、すると、1日あたりの売上は下がってしまいました。

●週1出店なら一度にたくさん買ってもらえる

地方なので大家族が多く、おじいちゃんがお孫さんの分まで含めて何パックも買って行ってくれることも多いそう。

週1回、30人のお客さんが来て平均2パック買ってくれれば、3万円の売上が立ちます。

毎日ここでやったら成り立たないけれども、週に1回、あるいは月に1回という出店が可能な場所があります。週1回だからこそ、お客さんが楽しみに待っていてくれる場所に育てることができるのです。

周囲に商業施設がないからこそ人気が出る

茨城県の笠間市に拠点を置く「タコキュー」が週１回出店しているのは、交差点付近の「コインランドリー前」。といっても、コインランドリーに来る人たちがこの出店場所のお客さんではない。人通りが多いわけでも、大きな商業施設に隣接しているわけでもなく、逆にまわりに刺激がないからこそ、週１回の移動販売が喜ばれる場所になっている。週１回やって来るタコキューを楽しみにしてくれている近隣のお客さんたちが買いに来てくれて、もう 10 年続いている出店場所。このような場所は「はじめから集客力があって売れる場所」ではなく、週１回の出店を楽しみにしてくれるお客さんたちを時間をかけて育て、そのお客さんたちによって自店も育てられ、売れるようになる

08 出店契約で確認すること

●通常出店で確認すること

先述したように、通常出店では本契約を結ぶ前に「お試し出店」してみるのがお勧めです。出店回数（あるいは期間）と出店料を決めてから、営業してみます。その間も売上額はきちんと報告します。お試し期間が終了に近づいたら、出店を継続するかどうかを打ち合わせましょう。出店料の負担が重い場合には、売上数字を基に話し合います。値切るというのではなく、商品のクオリティーを保ちながら商いを継続するための適正な出店料を相談する、というスタンスで相談します。お客さんの流れやピーク時間なども、何か出店することでわかるので、販売する時間帯も本契約前にもう一度話し合うとよいでしょう。

●イベント出店で確認すること

まず、イベント内容や予想来場者数から売上予想を立てます。その上で、1時間で何食出せるか、最大限に対応し続けた場合に何時間でなくなるのかを伝え、持っていく販売量を主催者側と相談しましょう。主催者が欠品を嫌う場合には、欠品しないだけの量を用意しますが、その場合、「まったく売れなかった時に何らかの売上保証があるのかどうか」を話し合います。主催者の要望に応えると同時に、こちらからもイベントでお客さんに喜ばれるアイテムを提案しましょう。

●買い取り出店で確認すること

買い取り出店で大切なことは、まず、依頼されたアイテムを、決められた量、適正な時間内にスムーズに出すということです。お昼にお客さんが集中する場所で、10時から18時までかけて予定数量を丁寧につくるというのはNGなので、どれだけの時間をかけてその数量を出せばいいのか、どの時間帯にお客さんが集中しそうなのかを、依頼主に確認しておきましょう。

出店時の確認事項

通常出店時の確認事項

①出店日、出店曜日
②入店時間、退店時間
③販売開始時間、販売終了時間
④電気の有無（ない場合は発電機を使用できるか？）
⑤お試し出店期間を設ける場合には、回数・期間
⑥出店料
⑦出店料の支払い方法
⑧販売アイテムとメニュー

イベント出店時の確認事項

①イベント名
②開催場所
③開催日時
④イベント内容、趣旨
⑤予想来場者数
⑥出店料
⑦前年実績
⑧メニューの制限
⑨出店台数
⑩搬入時間・搬出時間
⑪販売時間（何時から販売してよいか、何時まで販売するか？　ピークがどの時間帯にきそうなのか？　で仕込みの量や対応方法が変わる）
⑫雨天決行か中止か（中止の場合はどの段階で判断がなされるか？）
⑬電気の有無（発電機が必要かどうか？）
⑭水場の有無

買い取り出店時の確認事項

①出店日
②出店場所
③イベント内容
④販売・配布の趣旨
⑤買い取りアイテム
⑥買い取り金額（単価×数量）
⑦搬入時間、搬出時間
⑧販売開始時間、終了時間
⑨入金日、入金方法
⑩早く終わってしまった場合の対応（追加するか？）
⑪時間内に終わらず残った場合の対応（収めてくるのか？）

商業施設での通常出店で使う書面の例

取引基本契約書

______（以下「甲」という）と______（以下「乙」という）との間に______類等の販売に係わる各事項について次のとおり契約を締結する。

（目的）
第１条　甲は所有する______の店舗外において、______販売に係わる運営を乙の所有する販売サービスのノウハウを基に契約期間内において同店での______販売によるサービスの向上を目的とする一連の取引を約す。

（契約期間）
第２条　①本契約の有効期間は平成___年___月___日～平成___年___月___日までの１年間とする。
②満了期間２ヶ月前までに甲乙いずれかにより意思表示がない場合、本契約は引き続き１年間の自動更新をする。
③契約の途中解約については事前に甲乙協議の上取り決めるものとする。
ただし、２ヶ月の猶予期間を置くものとする。

（販売品目）
第３条　______類等とする。
また、アルコール類その他飲料についての販売は禁止する。
販売品目の変更等がある場合は、事前に甲乙協議の上取り決めるものとする。

（販売時間）
第４条　甲店舗外における乙の販売時間は原則として___時___分～___時___分までとする。
また甲は店休日については決まり次第速やかに乙へ通知する。

（販売方法）
第５条　乙が販売用車両にて甲敷地内の一部を賃借して販売する。

（使用料）
第６条　乙は半月に一度売上を集計し甲に提出するとともに翌月10日までに甲の銀行口座へ土地賃借料として______円（税込）を振り込む。
ただし、振り込み手数料は乙の負担とする。

______信用金庫______支店
普通______

（補償）
第７条　乙の販売した商品に起因するクレーム等は乙の責任において速やかに誠意をもって解決するものとする。
また乙の販売活動中に起因する傷害等（火傷、服の汚し）も乙の責任において速やかに誠意をもって解決するものとする。

（その他）
第８条　①本契約各項目については相互に遵守し、円満な商取引を行なうものとする。
②本契約に記載なき事項については甲乙協議の上取り決めするものとする。

本契約の証として、本書２通を作成し甲乙記入捺印の上それぞれ１通を保持する。

平成___年___月___日

甲

乙

イベント出店で使う書面の例

出 店 等 合 意 書

移動販売ネット（以下、「甲」という）とサン・ガーデンクラブ（以下、「乙」という）とは、当マンションで実施するイベントへの出演等の条件について、以下のとおり合意するものとします。

催 事 名	2014 サン・ガーデン夏祭り	
期 日	平成 26 年 7 月 27 日（日）	
時 間	9 時 00 分（目安） 10 時 30 分～ 14 時 25 分 14 時 25 分～	サン・ガーデンご到着（管理事務室） 会場へご案内の後、直前打合せ、ご準備 夏祭り お片付の後、お気をつけてお帰りください
開催場所	杉並区○○町 1-2-3　サン・ガーデン・ザ・レジデンス内	
依頼内容	たこ焼き、クレープ、ガパオなど、キッチンカーによる料理販売	
参加対象	マンション住民	
参加人数	約 1,370 人（昨年度の夏祭り参加人数）	
謝 金 等		
支払い方法		
備考	• マンション入口の管理事務室でお待ちしています。ご到着後、会場へご案内いたします。 • 必要な機材等のご用意をお願いいたします。 • お車でお越しの場合は、駐車場をご用意いたします。 • その他ご連絡事項がございましたら、ご遠慮なくお申し付けください。 • 当日の運営は、田中・遠藤 が担当いたします。 田中 電話：03- ○○○○ - ○○○○　e-mail：XXXX@yahoo.co.jp	

上記の内容で合意します（双方で各 1 通を保有）。

平成 26 年　7 月　　日

（甲）

移動販売ネット　代表 山田　太郎　　　　　印

（乙）

サン・ガーデン・ザ・レジデンス管理組合

サン・ガーデンクラブ会長　　　印

09

出店場所を荒らさずに育てよう

●撤退を繰り返した場所は荒れてしまう

自分にとってよりよい立地を求めて移動できるのが移動販売の大きな魅力です。その魅力ゆえに、一度出店した場所でいつまで営業し続けるか、判断に迷うことも出てくるかもしれません。

撤退時期をどう見極めるかは、自分がどんな商いをしたいかによって大きな違いが出てきます。

売れなかったら次に移ることが容易な分、売上は出店直後がピーク、だんだん飽きられて売上が下がってきたら次の場所を探す、という発想の方が少なくないことも事実です。

目新しさを売りに出店して、珍しさやインパクト、「売り方」の工夫で売上をつくり、飽きられたら他の場所へ移動する――こうしたことが繰り返された出店場所は、やがてお客さんから期待されなくなり、どんなアイテムのキッチンカーが出店しても、「どうせおいしくない」と相手にされない〝荒れた場所〟になり果てます。

●〝育てた場所〟からは安定した売上が得られる

反対に、3ヶ月、半年、1年と営業を続けるうちに少しずつ売上を伸ばしていくパターンもあります。いわば〝場所を育てる〟パターンです。

そのようなスタイルを選ぶ方は、はじめは今ひとつの場所でも、「お客さんとの関係を大切にする中で売上が伸びてきた」という感覚を大切にしています。

育った場所にあるものは、売上や利益だけではありません。自分の料理を目当てに通ってくれるリピーターの声、お客さんとのつながり、培われた関係の中で商いができる安心感。

日々の営業の中で出店場所が育っていった時、売上だけではない喜びがもたらされるでしょう。

もちろん、このほうが売上も安定します。

売上の伸び方例

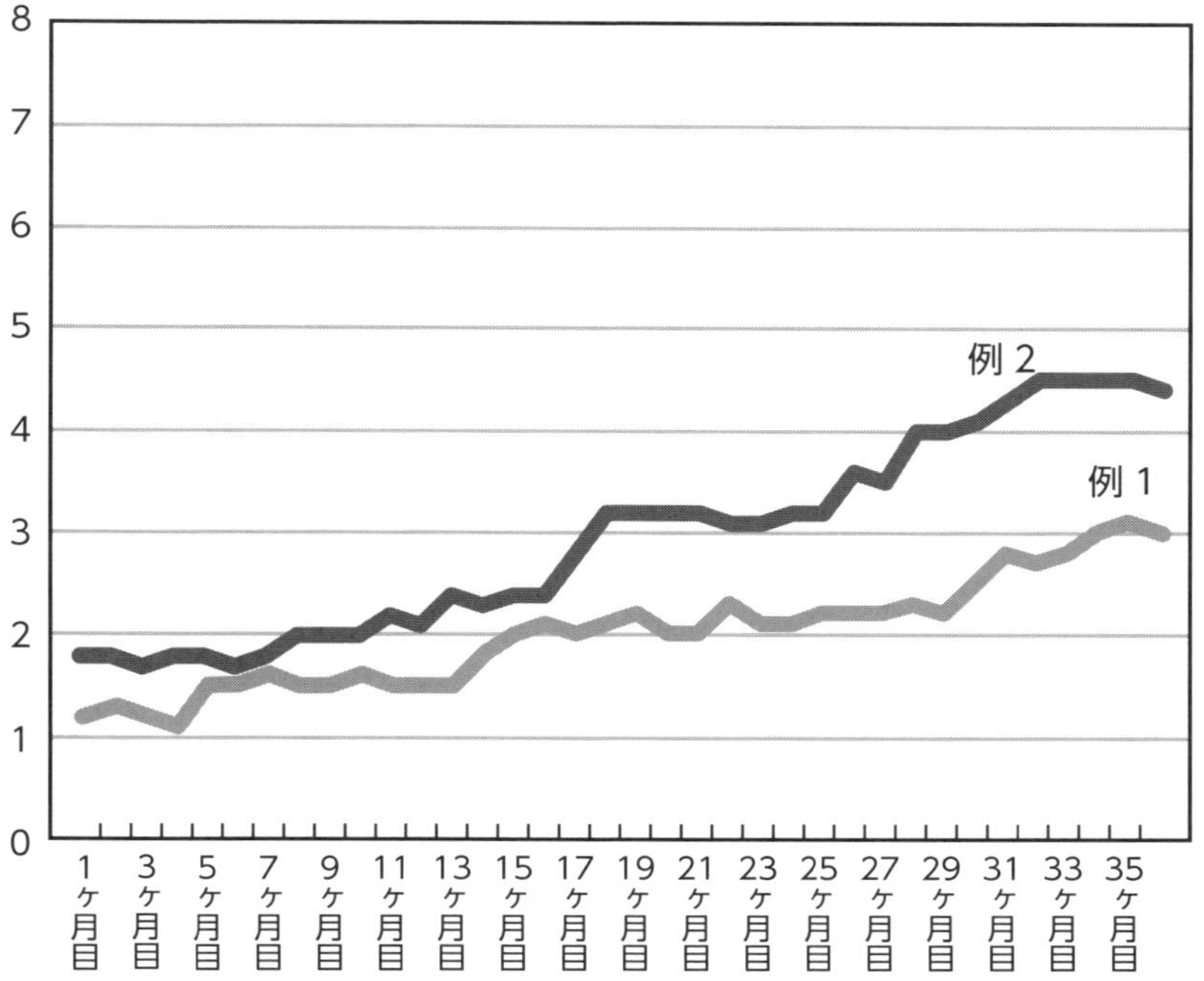

例1：出店当初の日商1万2,000円→3万円

例2：出店当初の日商1万8,000円→4万5,000円

ポイントは、右肩上がりで直線的に売上が伸びる（場所が育つ）わけではなく、しばらく横ばいで推移して、あるタイミングでポンと伸びること。このように育っていった場所はお客さんの信頼を得ているため、別のキッチンカーが出店しても、今度は1万2,000円からのスタートにはならない。場所を育てることができる人たちが同じ出店場所をシェアすることで、場所はさらに育っていく。反対に、場所を荒らすキッチンカーが何台も入ってしまったところはお客さんの信頼を失っているため、誰が出店しても相手にされず、ますます荒れていく

10 仲間と協力してひとつの場所を育てよう

●「ここは移動販売の場所」と認識してもらう

出店場所を荒らさずに育てることの重要性については前項で書いた通りですが、場所を育てるには、他のキッチンカーと協力して出店すると効果的です。

1週間に一度しかキッチンカーが来ない場所よりも、アイテムは違っても、その場所にいつもキッチンカーがいる状態をつくることで、その場所の認知度は上がりやすくなります。

自分が週1回出店している出店場所に、他の曜日に出店している移動販売は、敵対すべき競合ではなく、「一緒にその場所の認知度を上げて育てていく仲間」と考えたほうがいいでしょう。

毎週月曜日に焼肉丼のキッチンカーが出店し、火曜日から金曜日は何も出店していない状態よりも、月曜日は「焼肉丼」、火曜日は「炙りシメサバ丼」、水曜日は「スパイスカレー」、木曜日は「チキンオーバーライス」、金曜日は「オムライス」と、平日はいつも何らかのアイテムが出店していることで、「ここは移動販売の場所」と認識してもらいやすくなります。

1日に出店するのは1台だけでも、毎日違うキッチンカーが出店していることで、お客さんは日替わり定食屋に来ているような感覚を持ちます。日ごとにいろいろなアイテムがあることで、「お昼はここに来よう」と印象づけることにもつながります。

●出店カレンダーや曜日別メニューを共有する

一緒に出店している仲間同士で、出店カレンダーや曜日別メニューをお知らせする看板などを共有すれば、なおいいでしょう。

自分が出店していない曜日でも、仲間が自店の出店日をお客さんに伝えてくれます。

このように数台が協力することで相乗効果が出て、ひとつの場所を育てていくことができます。

5台が協力して育てた出店場所（東京・千駄ヶ谷）

各キッチンカーの出店日を知らせる看板、チラシ、カレンダーなどのツールを共有して、場所の認知度を上げる

月曜

火曜

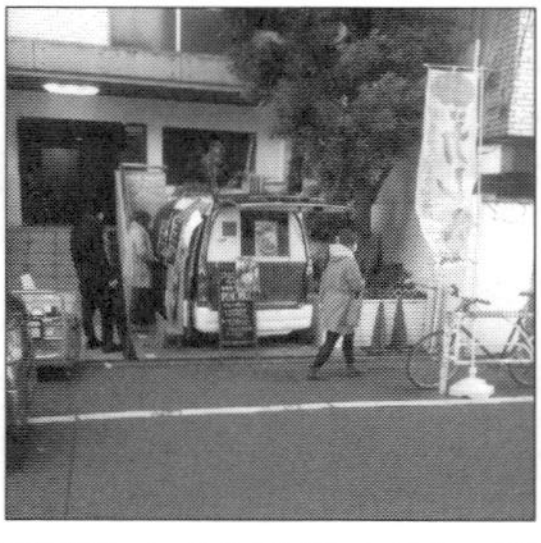

水曜

毎日、何らかの販売車が出店していることで、その場所の認知度が上がっていく。同じ場所を、複数の車で育てていくのが移動販売。その場所を共有している移動販売全員の総合力で、その現場が育っていく

11 複数台で「移動販売の場」をつくろう

●台数が多いほど認知してもらいやすい

1台で出店するよりも数台が集まって出店することで賑わいが出て、その結果、お店の売上も上がる、というケースがたくさんあります。

通常出店のランチの現場では、ひとつの場所に複数台のキッチンカーが集い、そこに「移動販売の場」をつくることで、1台で出店するより大きな需要を生み出しているケースが多くあります。

複数台で「移動販売の場」をつくることは、毎日曜日を埋めるのと同様に、「ここにキッチンカーが出店している」と認知してもらうのに有効な方法です。

●イベントに複数台で出店する時には

イベント出店も、ほとんどの場合、イベント規模に合わせた台数のキッチンカーが集まることによって成り立っています。賑わいを出すのと同時に、お客さんのメニューの選択肢を増やしているのです。

たとえば、開催時間が10時から17時まで、キッチンカー5台くらいが適切なイベントであれば、ランチ系が2台、軽食系が2台、カフェ・スイーツ系が1台など、アイテムのバランスを考えた出店をします。

同じようなアイテムが5台では、お客さんの選択肢がなく、自分たちもお互いに喰い合うだけとなってしまうので、普段からアイテムを超えた横のつながりを広げておきましょう。主催者にとっても、来場するお客さんにとっても、自分たちにとっても、よい場をつくることができます。

集うことでより需要を掘り起こしたり、より喜んでもらえる体験は、移動販売の醍醐味とも言えます。

このような複数のキッチンカーが集う現場こそが、同業者とのコミュニケーションをとり、つながりをつくっていく絶好の場でもあります。

通常出店の例

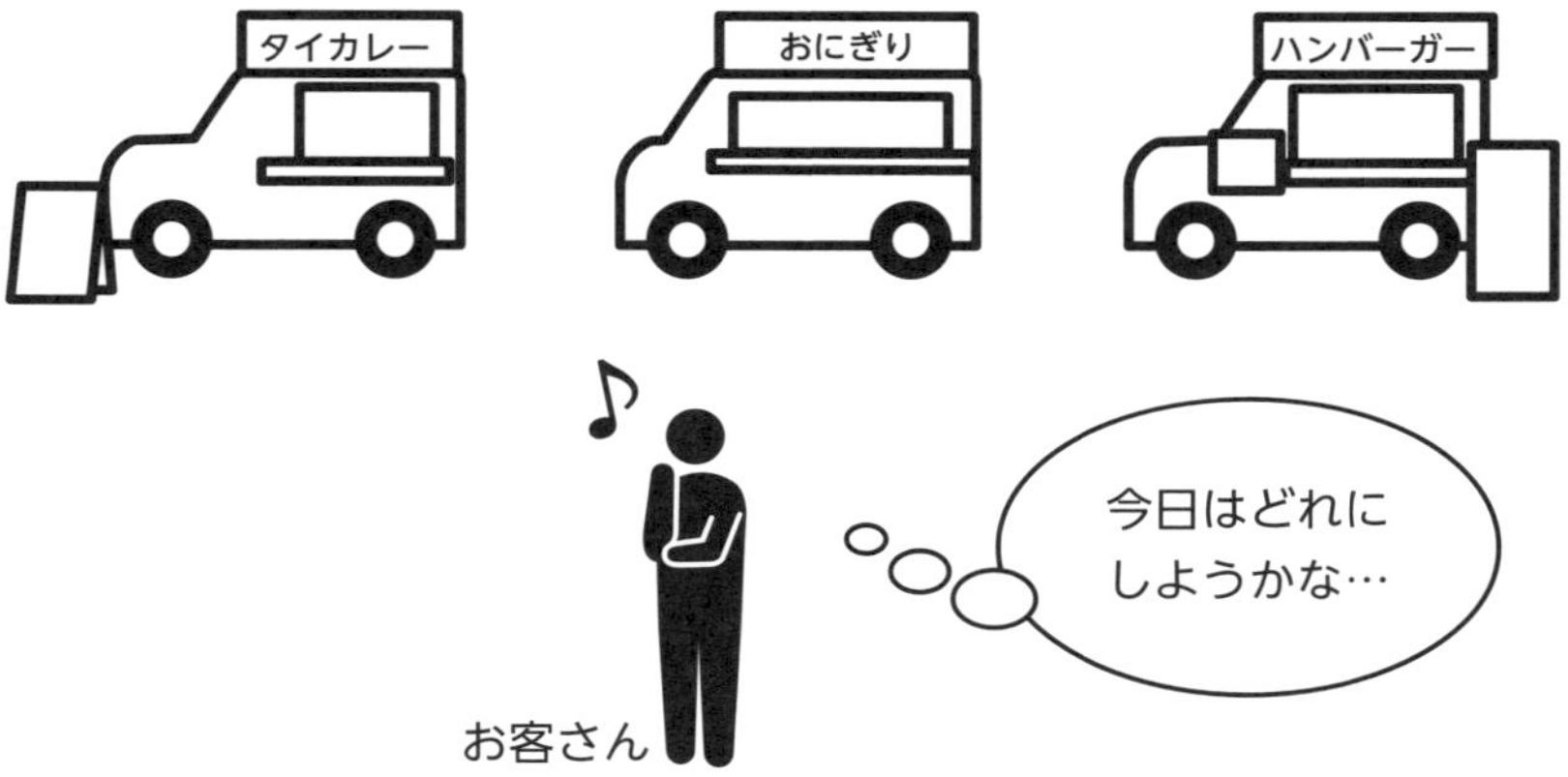

イベント出店の例

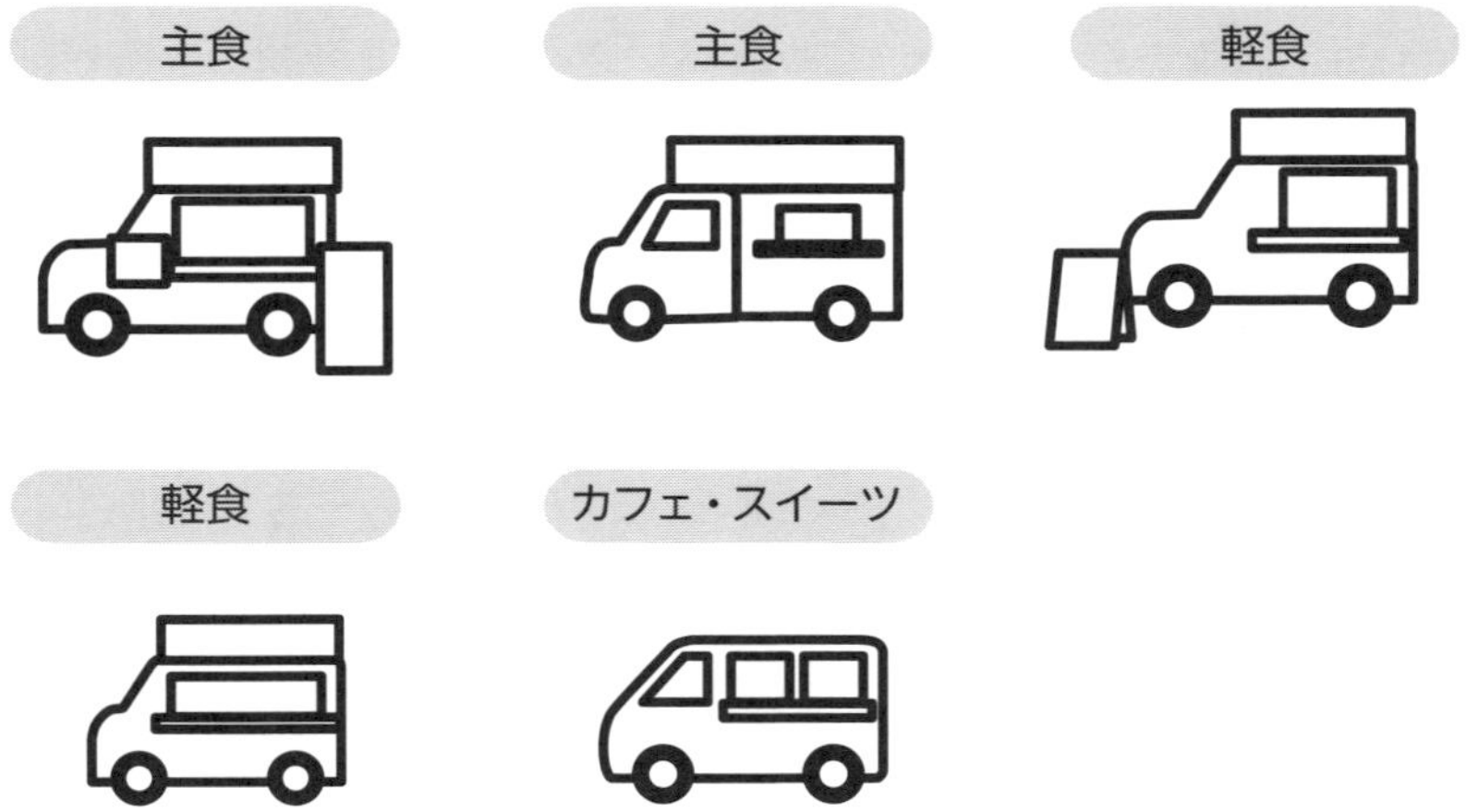

Column

移動販売とフランチャイズ

つくりたいアイテムがこれと言ってなかったり、自分には移動販売で活かせる経験がないと感じる人の中には、フランチャイズ加盟を考える方も多いでしょう。

フランチャイズとは、「加盟店になることで、本部が蓄えてきた移動販売のノウハウを買い、そのノウハウによってうまく経営していけるシステム」とイメージすると思います。が、現状の移動販売のフランチャイズは、「開業までのパッケージが揃っていて、その後の仕入先が用意されている」というくらいに認識しておくのがいいかもしれません。

これは移動販売という商売の性質によるところも大きいでしょう。１人で営業することの多い移動販売は、本部にとって管理が非常に難しいものです。また、ロイヤリティを取るにしても、個々の移動販売の売上には限りがありますから、手取り足取りサポートすることはほぼ不可能、とも言えます。

また、移動販売には「異なるアイテムの同業者との横のつながりによって可能性を広げていく商売」という特徴もあります。違うアイテムがひとつの場所を共有するほうがその場所が育ちやすい、つまり、同じ場所に同じアイテムは必要ないのです。この点で、同一アイテムを持つ集団であるフランチャイズの強みを活かすのは難しいと言えます。

フランチャイズに加盟したとしても、開業後はその商品を持って、出店場所や出店機会は自ら切り拓いていく、というのがうまくいく考え方だと言えるでしょう。

フランチャイズへの加盟をお勧めするのは、そのフランチャイズ本部の商品に惚れ込んだ時です。フランチャイズに加盟しても、本部のサポートによって繁盛しようと考えるのではなく、「惚れ込んだ商品を自分が世の中に広めていく」くらいの気持ちであれば、フランチャイズからはじめるのがいいかもしれません。

お金の流れを知って開業計画を立てよう

Part 7

01 開業時に必要な資金を見積もろう

移動販売をはじめるためには、どのようなお金がどれくらい必要なのか、開業の流れにそってみていきましょう。

○キッチンカーを入手するために必要なお金

・キッチンカー購入費……保健所で営業許可が取得できる状態にするまで。どのような販売車を選び、どこまでつくり込み、どこまでお金をかけるか？　Ｐａｒｔ５を参照してください。

・塗装・ラッピング費

○キッチンカーで調理をするために必要なお金

・調理機材費……焼き台、コンロ、寸胴、オーブンなどアイテムによる

・冷蔵・冷凍設備費……冷蔵庫・冷凍庫

・発電機

○キッチンカーを〝お店〟にするために必要なお金

・外装製作費……看板、ポップ、のぼりなど

○移動販売で営業をするのに必要なお金

・営業ツール費……名刺、ショップカード、リーフレット、チラシなど

○許可、資格、保険などに必要なお金

・営業許可証……東京都の場合、飲食店営業１万８３００円、菓子製造業２万１６００円。各自治体によります。

・食品衛生責任者講習……東京都の場合、１万円。各自治体によります。

・賠償責任保険……食中毒などに対応する保険で、年間数千円～数万円。

○仕込み場所を取得するために必要なお金

・仕込み場所物件取得改造費……仕込みが必要な場合

○開業し商売をするために必要なお金……開業当初の仕入れ代として３ヶ月分を確保して開業することが望ましいです。

開業資金の例

	軽食例（たこ焼き）	ランチ例（カレー）
キッチンカーを入手するために必要なお金	軽ボックスタイプ （業者から購入） **目安：150 万円～ 250 万円**	軽ワゴンタイプ （業者から購入） **目安：80 万円～ 150 万円**
調理をするために必要なお金	焼き台 鉄板 ピック 生地を溶く容器 生地を流す器材 おたま 泡だて器 油用の容器 油引き 食材容器 （たこ・鰹節など） トング 冷蔵庫 アルコール消毒液 スクレーパー クーラーボックス カラーボックス 発電機など **目安：10 万円～ 15 万円** 発電機は別途５万円～ 15 万円	コンロ 寸胴鍋６個 炊飯器 保温ジャー 圧力鍋 へら おたま フライパン 食材容器 （トッピング用など） ストッカー （仕込み場所用） 冷蔵庫 （キッチンカー用） フードプロセッサー クーラーボックス カラーボックス 発電機など **目安：20 万円～ 30 万円** 発電機は別途５万円～ 10 万円
キッチンカーをお店にするのに必要なお金	看板 メニュー表 のぼり タペストリー スポットライト **目安：３万円～ 10 万円** （どこまで外注するかで差が出る）	同じ
営業をするのに必要なお金	名刺 ショップカード リーフレット 営業ツールなど **目安：１万円～５万円**	同じ
その他備品	ドラムコード ゴミ箱 手持ち金庫 養生テープ 領収書 ティッシュペーパー アルミホイル プロパンガス その他備品 **目安：１万円～２万円**	同じ
許可・資格・保険などに必要なお金	営業許可証（東京都） 食品衛生責任者講習 賠償責任保険 **目安：４万円**	同じ
仕込み場所を取得するために必要なお金	なし	仕込み場所取得 **目安：10 万円～ 30 万円**
開業し商売するために必要なお金	開業当初の仕入れ代、３ヶ月分を持って開業することが望ましい	同じ

02 運転資金を見積もろう

日々の商売を続けていくための費用である運転資金にはどのようなものがあるのか、開業前に見積もってみましょう。

○食材・包材の仕入れ代……開業時に3ヶ月分の仕入れ代を確保して開業することが望ましいです。現金を持ち帰れず、一度出店先に売上を納める出店場所の場合、はじめて自店の口座に納金されるのが3ヶ月後になる可能性があります。その間、現金が手元に入ってきません。開業時にこの分を見積もっておかないと、売上はあがっていても、仕入れ代が尽きてしまうケースも発生します。

○プロパンガス代……調理の熱源はガスが原則。消費量はアイテムと売上によります。

○出店料……「売上×○%」という歩合制と、「1日○円」という固定制とがあります。開業前に見積もる場合は売上の15%くらいとしておくのが適正でしょう。

○車の維持費
- 駐車場代
- 車検代……2年に1回
- メンテナンス代……車検の他に定期的なメンテナンス代を見積もっておくといいでしょう。
- 自動車保険代

○通信費……電話・パソコン・ファックスの基本契約料＋使用料

○仕込み場所の家賃……仕込みがある場合

○水道光熱費

○営業・販売促進費……開業当初は特に自店のことを出店先やお客さんに認知してもらう活動が多くなります。
- 営業ツールの製作
- 販売促進ツールの製作

○人件費

月の売上 80 万円の移動販売の 1 ヶ月の運転資金例

原材料費	食材包材の仕入れ代 (売上の 30%として)	24 万円
プロパンガス代	３本として	1 万円
出店料	売上の 15%として	12 万円
移動販売車の維持費	駐車場代	5,000 円
	車検代（1ヶ月分に換算）	4,000 円
	保険代（1ヶ月分に換算）	1,000 円
通信費	電話・パソコン・ＦＡＸ	1 万円
水道光熱費		1 万円

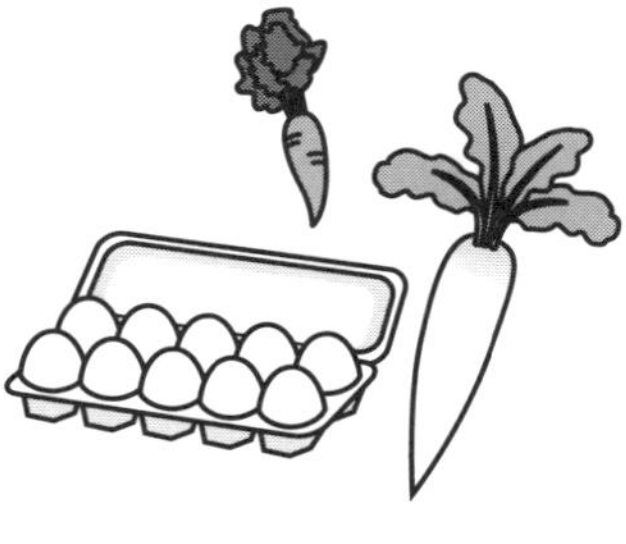

03

1年間の売上の流れは？

1年間の売上の流れは、選んだアイテムや出店スタイルによって変わります。

●冬は屋外イベントが少ない

週末のイベントを中心に営業をしている移動販売は、春から夏を越え秋までが売上のピークとなり、冬を迎える頃には下降期に入ります。冬は屋外のイベントが少ないのが理由です。そして、季節が巡り春を迎える頃から各種イベントが増えていく、という流れになります。

反対に、通常出店型の営業をしている移動販売はどうでしょう。

大判焼き屋の移動販売などは、秋から冬を越え春までが「売り時」です。気温が上がってきて梅雨に入り、真夏になる頃には普段の場所で冬と同じように大判焼きで売上をつくることは難しいでしょう。

このようなアイテムの移動販売は、通常出店の場所では、ピークの季節と炎天下の真夏の売上が2倍、3倍違うことも珍しくありません。

●売上が落ちる時期の対処法

ただし、売上をつくるのに厳しい季節が通り過ぎるのをじっと待っていなくてもよいのが移動販売のいいところです。

私自身のアイテム、たこ焼きも普段の営業の中では秋～冬～春のアイテムで、真夏の炎天下の時期には車に近づく人も少なくなります。

しかし夏はお祭りやイベントの最盛期。暑くても、お祭りならたこ焼きというアイテムが求められるので、そうした場所への出店を増やすことで売上を落とさないように調整しています。

ランチ出店を中心にしている移動販売は、1年を通して売上の変動はそれほどありませんが、季節で主力メニューを変える方は少なくありません。

売上が落ち込む時期を知り、それをカバーしよう

イベント出店中心の移動販売の売上推移

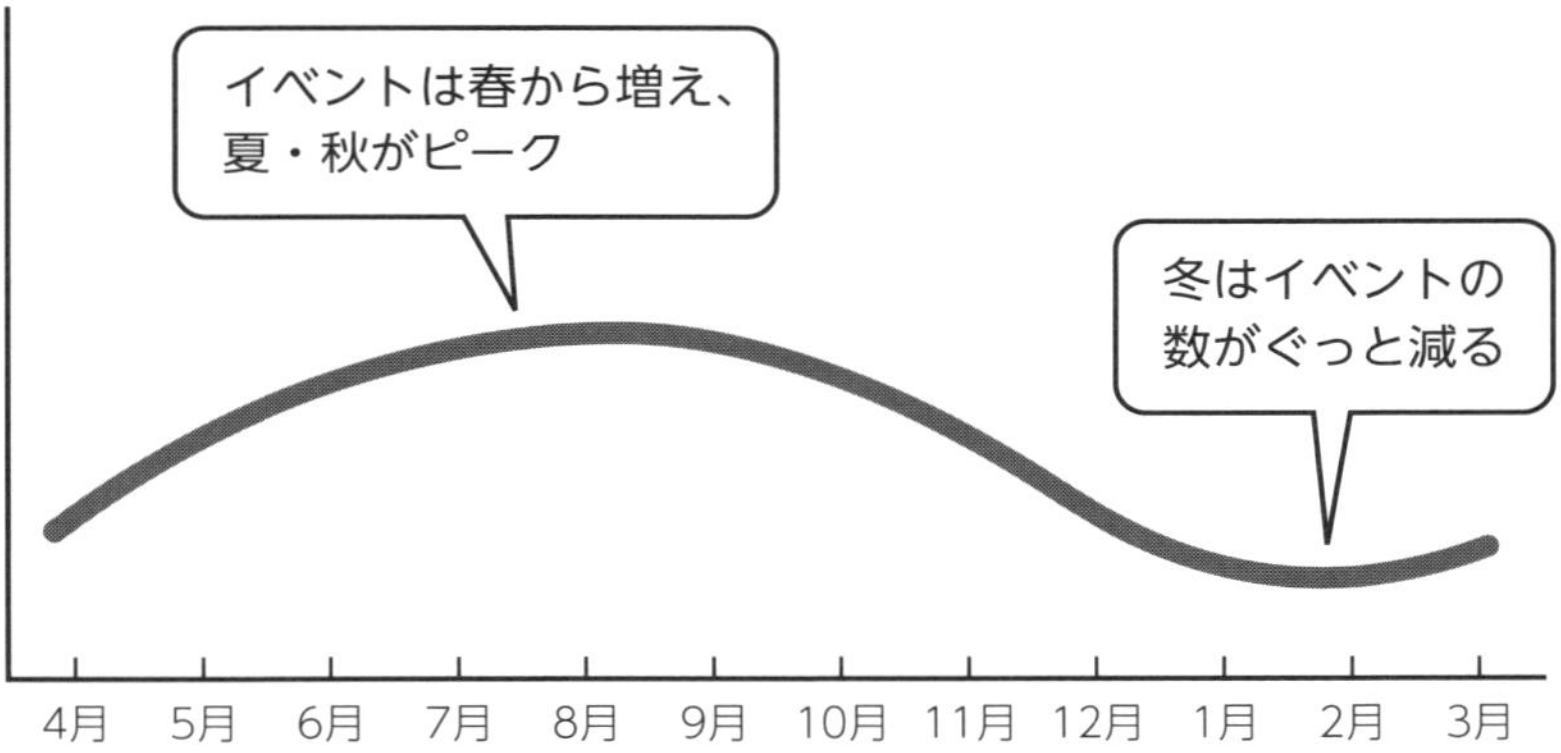

通常出店中心の大判焼き・たこ焼きの売上推移

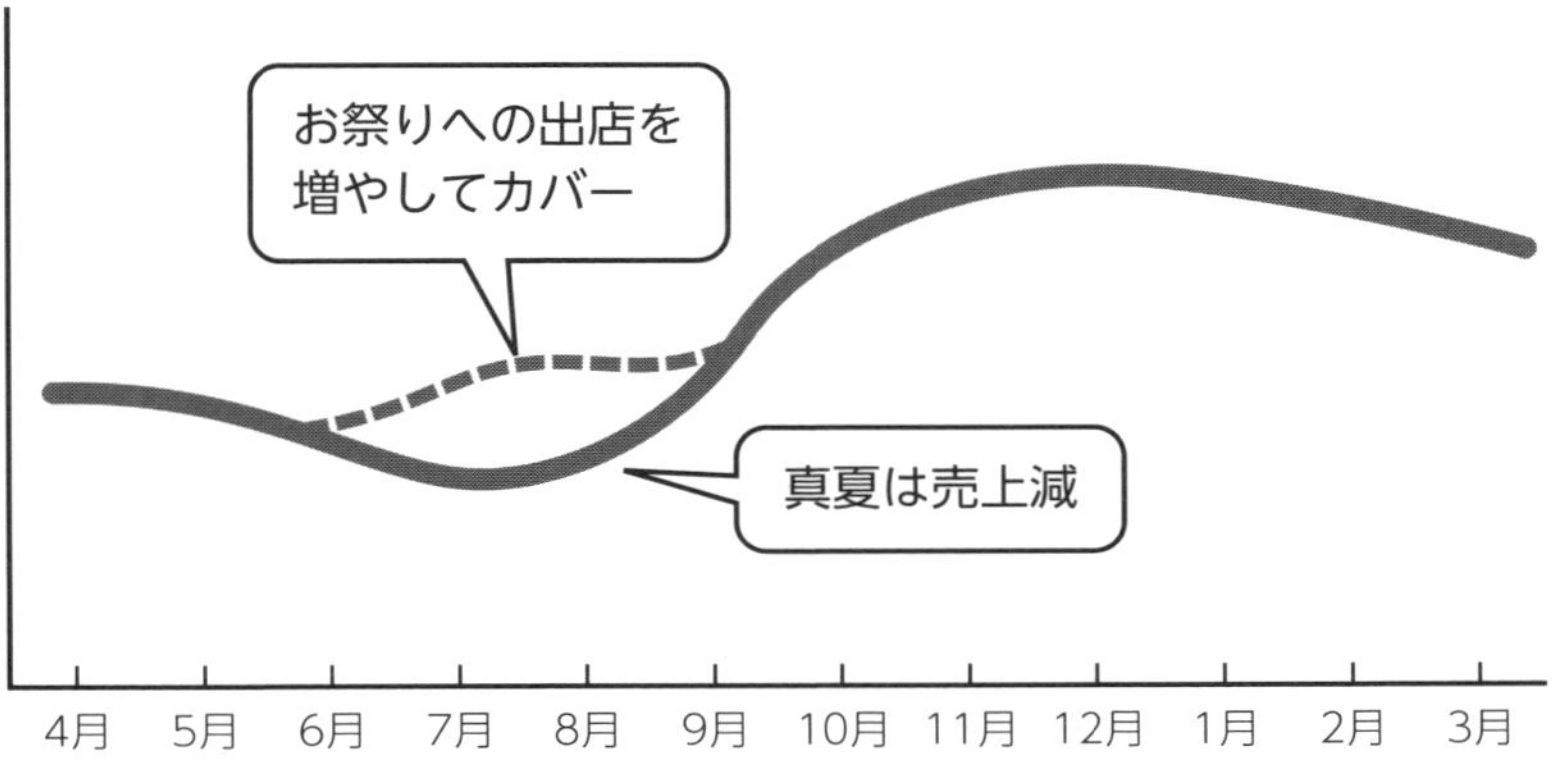

04

移動販売の収益構造を知ろう

通常出店にかかる費用は、原材料費が30%、出店料が15%、その他が5%というのが目安です。左のように、売上の半分が利益となるのが理想です。

●原材料費30%はあくまで目安

と言っても、原材料費の30%はあくまで目安であり、ランチ系アイテムならもっと原材料費をかけておいしい料理をつくろうとする傾向があり、イベント型の移動販売はもっと原材料費を抑えようとする傾向があります。

また、出店料15%というのも目安に過ぎません。スーパーの店頭や都内のランチ出店など、普段出店する場所の相場はこのくらいですが、実際には、出店料がまったくかからない現場もあれば、売上の40%以上という現場まで、さまざまなのが現状です。

その他の5%にはガソリン代や光熱費などが含まれますが、どこまで出店範囲を広げるか、どんなアイテムを選ぶかで変動します。ここには人件費、食材のロス、販売車のローンなどは含まれていません。通常出店で、仕込みから販売までを1人で回して、ロスがほとんどなかった時に、売上の半分を残せるような収益構造を築くのが理想、ということです。

●出店料は売上に対して適正か?

利益を左右する最大の要素が出店料です。出店料が売上に対して適正かどうかが、その場所での出店が続けられるかどうかに大きく影響を与えます。

「出店料が高いから収益率を守るために原価率を下げる」ということをしていくと、結局売れなくなり、高い出店料がますます負担になってくる、という負のスパイラルに入ります。

「最終的に残せる収益額がいくらになるか」ということを考えて、自店なりの収益構造をつくっていきましょう。

利益を左右するのは出店料

売上	原材料費	出店料	その他	利益
100 −	30 −	15 −	5 =	50
		（0～30）		

通常出店は原材料費を高くかける傾向がある

収益に直接影響する。出店料を抑えられれば、その分、原材料費に回すこともできる

100 − 45 − 0 − 5 = 50

出店料がゼロなら、原材料費を増やせる

100 − 15 − 30 − 5 = 50

出店料が高いと、原材料費を削らざるを得ない

05 売上目標は稼働日目標とセットで考える

開業直後は稼働日を増やすことをめざす

開業時に毎日の出店場所が決まっているケースはあまり多くはないため、開業前に「1日の売上×営業日数25日＝月売上目標」と試算するのは現実的とは言えません。

1日の売上目標と同時に、出店できる場所を1週間のうち何日確保できるかという、稼働日数の目標を立てましょう。

開業当初から出店日数が埋まるまで、あるいは出店場所が落ち着くまでは、目標の稼働日数を出店できるようにすることと、その中で1日の売上を伸ばしていくことが移動販売で売上をつくっていくための両輪になります。

開業当初に毎日出店場所がある想定で売上や収入を試算するのではなく、3ヶ月から半年をかけて稼働日を埋めていく試算や目標設定にする方が現実的です。

移動販売は、オープン景気で開業初月に売上が伸びる商売ではありません。

「こんな商売がしたい！」を書き出そう

自店のコンセプトや自店の料理を食べてほしい人はどんな人たちか、どんな場所で出店したいのかを書き出してみましょう。稼働日を埋めていく際、営業をかける先です。

はじめから理想の出店場所を思い描くことはできないかもしれませんが、「こんな人に食べてほしい！」というお客さんの姿を思い浮かべ、理想の出店スタイルを書き出してみることをお勧めします。商売を続けていくと実績や人とのつながりが積み上がり、その結果、「開業当初、こういうところに出店したかった！」という場所に出会うことがあり、そのような思い描いていた出店場所との出会いによって、移動販売ライフがさらに充実するからです。

1年後に売上が安定することをめざして活動する

	稼働日目標	1日売上目標	1ヶ月売上目標
1ヶ月目	週3日	2万	25万
3ヶ月目	週4日	2万5000	40万
6ヶ月目	週5日	3万	60万
12ヶ月目	週6日	3万5000 ～4万5000	85～100万

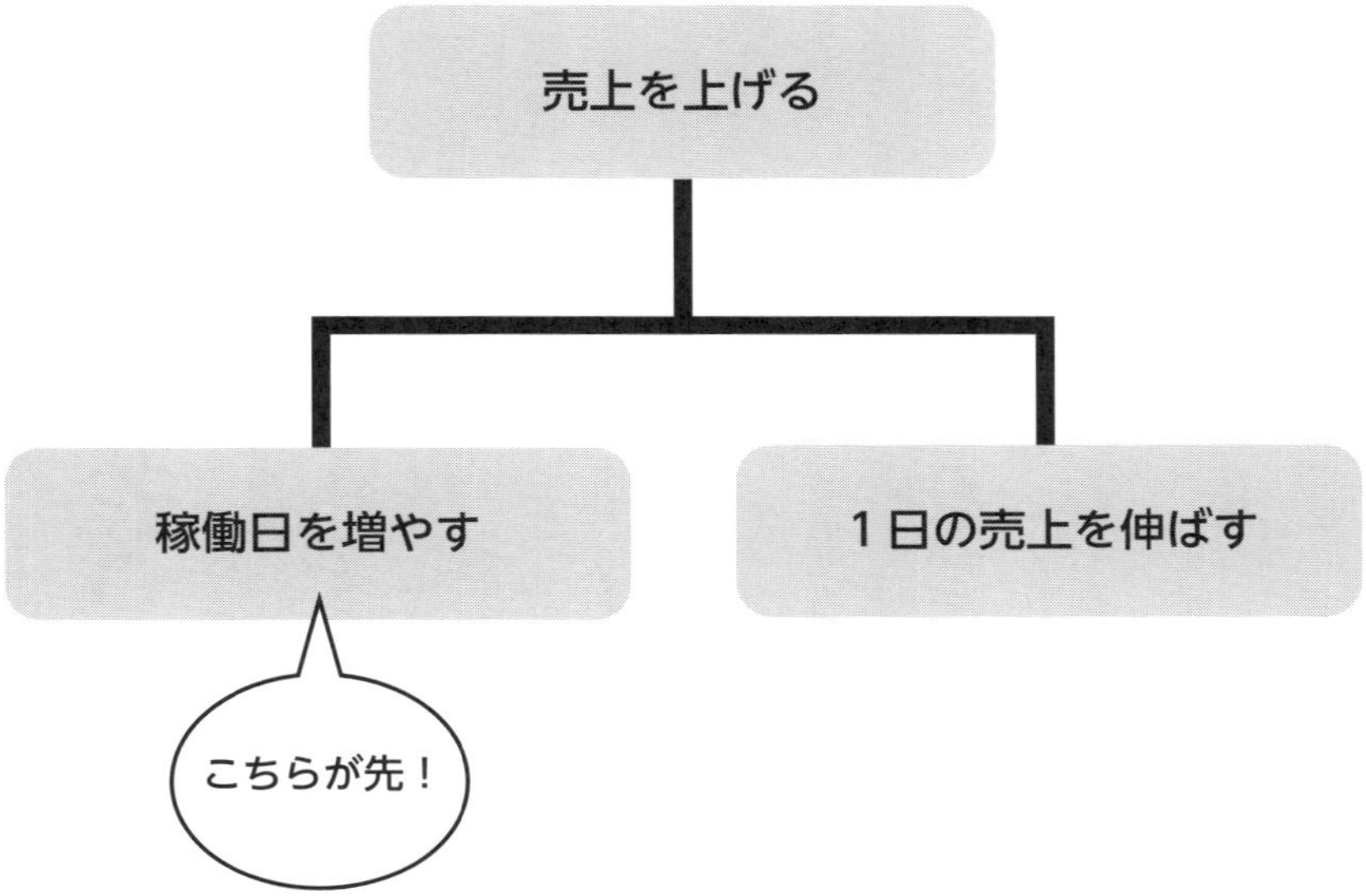

出店場所獲得のための営業活動をする

06 出店場所には「現金物件」と「口座物件」がある

１３６ページでも少し触れましたが、出店場所には、「現金物件」と「口座物件」があります。

●日銭が入ってくるのが「現金物件」の利点

「現金物件」とは、出店した日の売上金をそのまま持ち帰れる営業場所のことです。いくら支払うかは、「売上×歩合」、日割りの定額、月決めの定額、もしくは無料などさまざまですが、いずれにしても、「自分が今日売った売上現金は持って帰れる」ということです。

豊富な資金を用意して開業する人は多くはないので、日銭が入ってくることを、移動販売のよさのひとつとして挙げる方が多くいます。

●「口座物件」では仕入れ代のショートに注意

これに対し、その日の売上を出店先に全額納め、後日、出店料や手数料などを引いた金額が自分の口座に振り込まれるのが「口座物件」です。

チェーンのスーパーやホームセンターなどの商業施設に多くみられるパターンです。

口座物件では、移動販売の売上はいったん出店先の売上として計上されます。売上金を持って帰ることはできません。月末に締めて、その月の出店料を引かれたものが翌月末や翌々月に「口座」へ振り込まれます。現金が入ってくるのは２ヶ月先なのに、仕入れはほとんどがその場での現金払いです。

ということは、生活費のほかに50万円くらい用意していても、出店場所すべてが口座物件だったら、１ヶ月に30万円分の仕入れをした場合、２ヶ月もたないということになります。

単純ですが、大切なことです。こんなちょっとしたことを前もって知っているか知らないかで、自分の商売を立ち上げるのに大きく影響を与えてしまうこともあります。

口座物件だとすぐに売上金が入らない

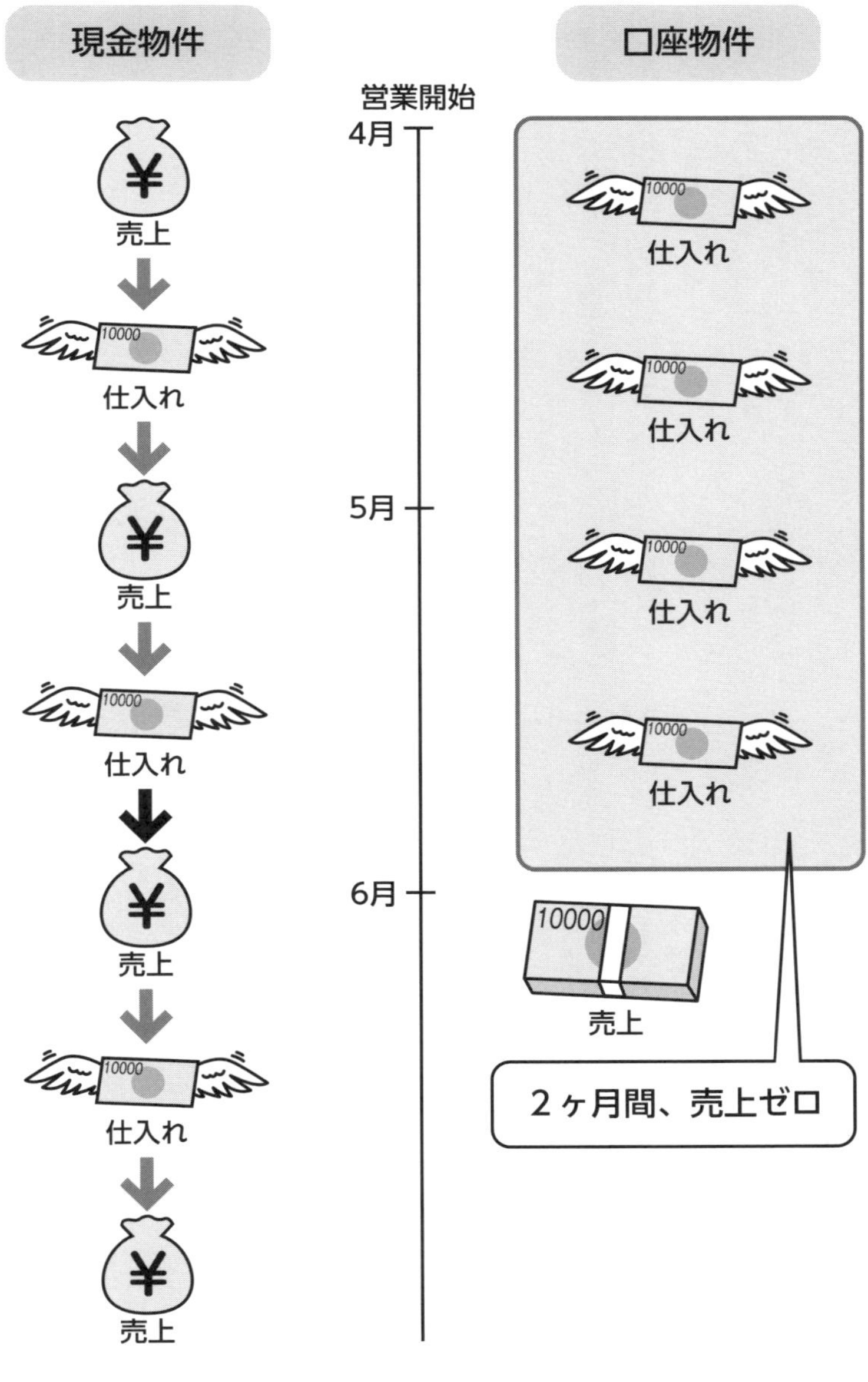

07 通常出店は給料、イベント出店はボーナス

通常出店のみでイベントにほとんど出店しない人もいれば、イベントだけで稼いでいる人もいますが、多くは通常出店のかたわら、イベントに出店しています。収入という点を考える際には、通常出店を給料、イベント出店をボーナス、と考えるといいでしょう。

●イベントの売上は読めない

イベント出店は、売れる時もあれば売れない時もあります。売上はその日の天気によって大きく左右され、ゼロということもあり得ます。

出店時の配置が前年とちょっと変わったり、お客さんの動線が少し変わっただけで、何十食、何百食の差が出ることも珍しくありません。

当日の出店条件によって、見込んでいた売上に大きく届かないことも、逆に、思いがけず売れたり喜ばれたりすることもあるのがイベントです。

●通常出店は安定収入

一方、お客さんとの関係を日々、積み重ねていく通常出店には、軌道に乗ってしまえばこのような不安定さはありません。

「移動販売はフリーのお客さんの衝動買いで成り立っている」というイメージを持っている方がいるかもしれませんが、1年間、出店することができた場所は、「お客さんの多くはいつも見る顔」となるのがほとんどです。

イベントは〝水もの〟と考え、生活の糧は通常出店で稼ぐ。基礎収入を確保した上で、イベントはボーナスと捉えることができれば、イベントをより楽しむことができるようになります。そしてそのイベントも、開業当初は大きく見込みを外すことも多いですが、前年度相性のよかった場所を毎年積み重ねていくことで、通常出店に近い安定感が出てきます。

ランチ系アイテムを販売している移動販売の売上推移

イベント出店

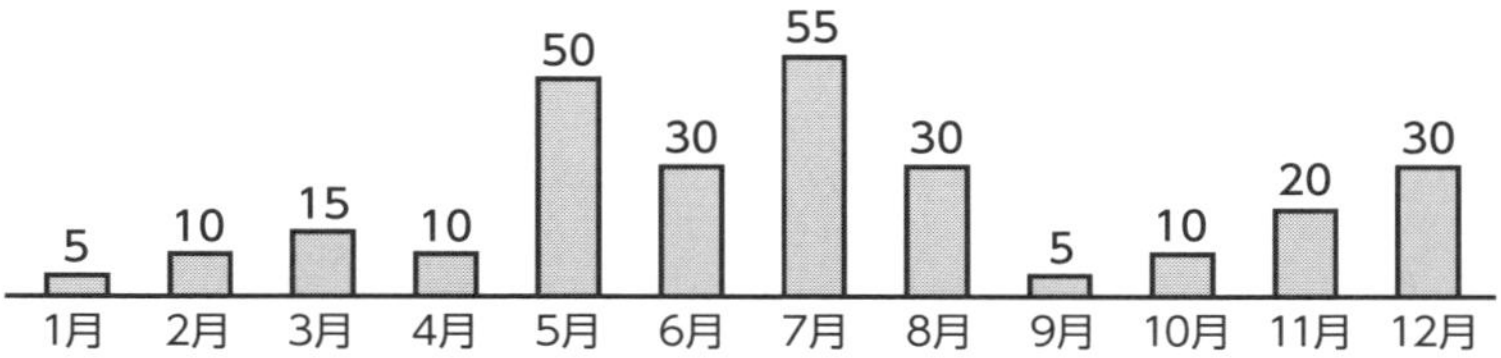

通常出店

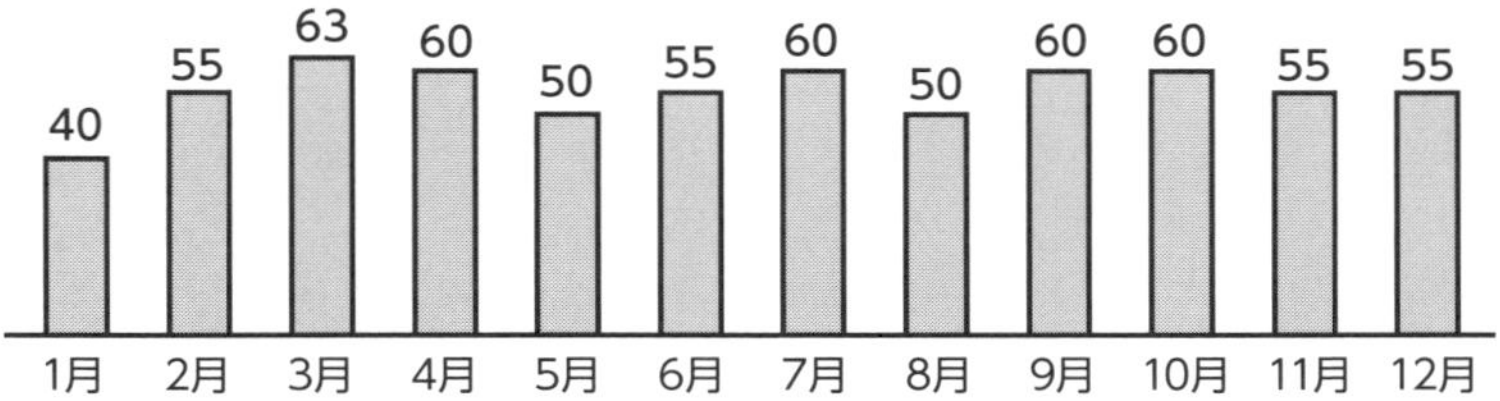

平日４日間の通常出店と、週末、自店に合うイベントに出店しているランチ系移動販売の売上例。週４回の通常出店は、お正月、ゴールデンウィーク、お盆など稼働日数が少ない時期には若干落ちるものの、年間を通して安定している。これに対して、イベントは月によってバラつきがある。このケースでは売上の山が５月、７月にきているものの、山が何月にくるかは、出店するイベントの種類による

通常出店だけで食べていける

↓

イベントを選べるようになる
イベントを楽しめるようになる

08

個人ではじめる？　法人ではじめる？

開業する際に、個人事業主としてはじめるか、会社を設立して法人として出発するか、それぞれにメリット・デメリットがあります。

●法人でなければ契約できない場所がある

開業に際し、会社を設立して法人格をとってはじめる実質的なメリットは、出店場所確保の際の信用力、と言えるでしょう。

商業施設の中には、個人とは契約せず、法人としか出店契約を結ばないところがあります。

また、法人なら直接契約するところを、個人の場合、中間の斡旋業者に一度登録をしてそこからの派遣という形を求められるケースも多くあります。

行政が管轄するような場所では、審査があることもあるので、そのような場合も法人のほうが有利になります。

●個人で開業し、後から会社設立してもよい

実際には多くの移動販売が個人事業主で商売を続けています。

現場のお客さんとの関係の中では、法人、個人はまったく関係がありません。

個人、自店の信用で出店できる場所でやっている。そこで信用を得れば法人・個人は関係がない、ということから、法人化する必要性を感じていない方が少なくありません。

大手の企業や商業施設の場所も、直接契約してどんどん獲得していきたいという場合は、法人としてはじめるのがいいと思います。

もし、どうしようかと迷っているのであれば、まずは個人事業主ではじめてみるといいのではないでしょうか。必要であれば、開業後に会社を設立すればいいのです。

名刺があると営業活動での信用力が高まる

有限会社 伍徳

代表取締役 須藤 真男
Masao Sudou

〒170-0013
東京都豊島区東池袋3-11-1-303
TEL:03-5396-5058 FAX:03-5396-5067
E-mail:gotoku@hot.interq.or.jp
携帯:090-[redacted]

やきとり伍徳 池袋本店
〒170-0013
東京都豊島区東池袋3-11-1 1F
TEL・FAX03-3985-3990

川口工場
〒332-0005
埼玉県川口市[redacted]
TEL:048-[redacted]
FAX:048-[redacted]

走る癒しの甘味処
Sweets-和甘 WAKAN
正田 桂子
SYOUDA KATURA

〒337-0053
埼玉県さいたま市[redacted]
PCメール sweets_wakan@yahoo.co.jp
携帯電話 080-[redacted]
http://blog.m.livedoor.jp/sweets_wakan/

Sweets-和甘 WAKAN

あんみつ・パフェ、
夏はかき氷・冬はたい焼き
の販売をしている甘味屋です。
どうぞよろしくお願いします。。

和甘のブログ、メニューの詳細はこちらから→

Column

こんなところにも出店？ クライアントから寄せられるいろいろな依頼

最近では、移動販売にさまざまな依頼が寄せられるようになりました。

ある美容関連企業の新作発表イベントに出店してほしいという依頼がありました。どんなアイテムがいいのか打ち合わせをする中で、私がクライアントに提案したのは、「ワッフル」「クレープ」「パンケーキ」「ドーナッツ」、そして美容や健康というコンセプトに合いそうな「フレッシュ野菜やフルーツのみでつくる本格スムージー」の５種類。そこからクライアントが選んだのはスムージーでした。発表する新作商品が５色展開しているものなので、カラーを合わせた（似せた）５色のスムージーができないかという依頼になりました。

普段は自分が食べてほしい、飲んでほしい商品をつくって売るのが基本ですが、こうした要望に応える出店もあるのです。

ファッションブランドのお客様招待イベントでフードブースを担当してほしいという依頼もありました。お客様への感謝イベントなので、料理は券と交換でお配りするというスタイルです。

提案した料理の中でクライアントが選んだのは、「ケーキ」（５種）「クレープ」「ライスバーガー」「ラスポテト」「キッシュ」「フレンチトースト」「スムージー」「タピオカドリンク」の８アイテム。

いつも乗っているキッチンカーを降りて、食ブースで提供したので、食べてくれるお客さんたちも、この料理が、普段はオフィス街や商業施設の店頭で売られている移動販売の料理であるとは思わなかったでしょうが、実はこんなところでも活躍しているのです。

動いた先がお店になる、現場で売上をつくろう

Part 8

01 現場でのお店づくりが売上をつくる

●車の外観は、現場では意外に「見えない」

開業前の段階だと、多くの方がキッチンカーの外観のかわいらしさを求めます。

キッチンカーは、出店場所を獲得する営業ツールであり、町中を走りながら自店を広報する、いわば〝走る広告塔〟でもありますから、外観に気を配ることは間違いではありません。

ただし、現場で売上を左右するのは、外観そのものよりも、外観を活かして現場でどのようなお店をつくるか、という部分です。

実際のところ、車に施されたラッピングは、現場でお店をつくるとほとんど見えなくなってしまうことが多いものです。

●「おいしそう」と思われる外装を現場でつくる

特にキッチンカーが何台も並ぶイベント出店では、外装力、看板力によって売上が決まると言っても過言ではありません。

どんなにこだわりのあるおいしい料理をつくったとしても、数あるキッチンカーのうち、どの商品を食べてみたいのかという横並びの戦いを勝ち抜かないと、売上がたたないのが現実です。

おいしいかどうかは食べてみないとわかりませんので、まずは「おいしそう」と思ってもらえる外装力が必要です。

開業時の外装づくりのポイントとしては、

・遠目からパッと見て何屋かが感覚的にわかりやすい
・お店に近づくほどにおいしさが伝わる

ことを重視してください。

開業してからは、他店のよいところはすぐに取り入れてみることが大切です。はじめから十分に満足いく外装ができなくてもいいので、営業をしながらよいものを取り入れて進化させていきましょう。

現場でのお店づくりが売上をつくる

現場に集合してきた開店前のキッチンカーと、営業中のキッチンカー。走っている時の顔と販売の時の顔は違っていて、売上をつくるのは現場の顔。キッチンカーの個性は、現場でお店をつくった時に、より発揮される。「現場での売上」だけを考えるなら、走行時の顔にあまりとらわれなくてもよい。現場でのお店づくりで自店らしさをお客さんに伝える

キャンピングカーを活かしたお店づくりをしている「ニュージーランド社」

02 売れる時、売れる現場で、売れるだけ売ろう

移動販売は、さまざまなことに売上を大きく左右されます。

●出店場所がなくなるリスク

通常出店で売上を伸ばしていても、出店先の都合で、その場所の出店契約が打ち切られることもなくはありません。出店時に保証金を積んでいるわけではないので、固定店舗に比べると簡単に契約が解消されてしまいます。仮に出店場所がその1ヶ所しかなければ、次の日から収入がゼロになってしまいます。出店場所を複数持つ人が多いのは、こうしたリスクを分散させるためでもあります。

●天候・車のリスク

雨が降ればイベントが中止になることが多く、売上はゼロになります。強風や大雪など、悪天候の際には客足が遠のきます。

Part5でも書いたように、キッチンカーの故障も大きなリスクです。行くべき日に現場に行けないことで、売上と信用を失います。

予定していた出店がなくなると、大量に仕込んでいた料理を廃棄しなければならず、赤字になることさえあります。

営業予定日×予定日商がその通りにならないというリスクを移動販売は抱えているのです。

予定していたはずの売上がそっくりなくなる、見込んでいた利益がまったくなくなるということは、決して珍しいことではありません。特に、イベント出店を中止に活動していると、そのリスクは高まります。

予定通りにいかないことが珍しくないからこそ、「こんなはずではなかった……」ではなく、「普通にあり得ること」だと想定しておかなければなりません。

つまり、売れる時、売れる現場では、売れるだけ売る！　という姿勢が求められます。

どうしても売れない日があることを想定しておく

スープ、スムージーなどは当日の気温の変化に強く影響される。売れる季節、売れる日に売る

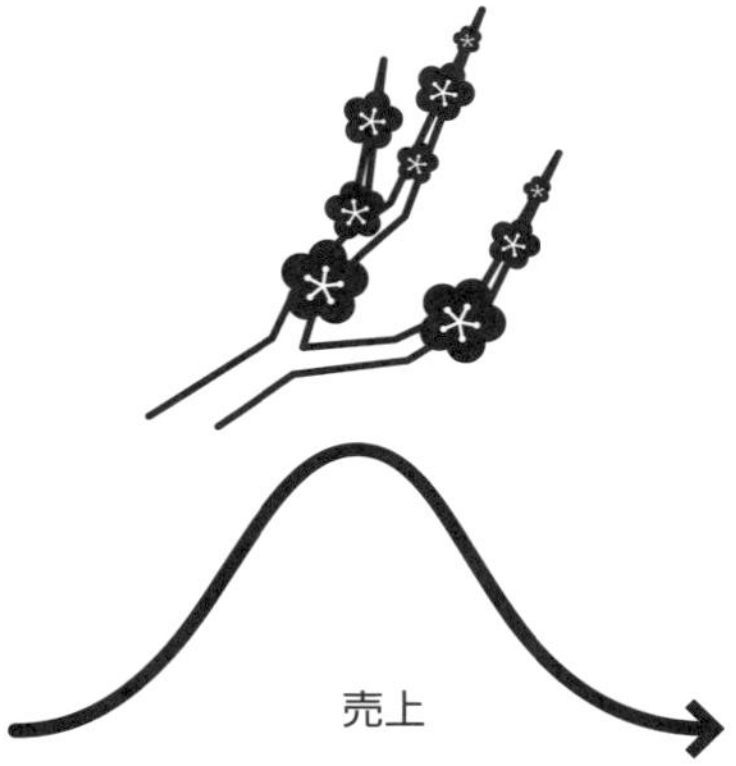

1ヶ月続く梅祭りも、見頃・満開でのピークは2～3日ほど。その日にどれだけ対応できるかが大切

たい焼き、大判焼きなど、夏にまったく動かなくなるアイテムは寒い時期に集中して売る

雪国の移動販売は、吹雪の時など出店できない日も多い。出店できる日に売る

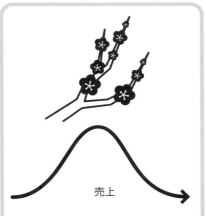

03

通常出店とイベント出店、外装の違い

通常出店とイベント出店のどちらを中心に活動するかによって、外装で力を入れるべき点は異なります。

通常出店とイベント出店、外装のポイント

通常出店では、日々の営業の中でお客さんとの関係を深めて、ずっと選んでもらう必要がありますから、店頭に近づくほど、自店の料理の特徴やおいしさやこだわり、世界観が伝わることが大切です。

外装だけでなく、内装にも自分のこだわり、世界観を表現しましょう。

イベント出店では、同じ日に出店する同業者との戦いに勝ち抜いてお客さんに選んでもらわなければなりませんから、まず、遠目からでも何屋かがはっきりわかる、何を食べてほしいのかが明快に伝わるわかりやすさ・インパクトを重視した外装が求められます。

遠目からでも何屋かはっきりわかるようにするために、大きな看板を高い位置に設置したり、メニュー写真を大きく載せるようにしましょう。行列の後ろからでも見えるかどうかを意識します。

また、わかりやすい価格にすることも、イベントで人を呼び込むポイントです。

「伝えたいこと」によってのぼりを変える

通常出店では、自分の料理、自分のお店の特徴が伝わり、「お店の名前」（屋号でなくても「カエルのクレープ屋さん」などの愛称でもよい）をお客さんに覚えてもらうことが大切です。

1台の車が通常出店をしながらイベント出店にも参加するので、通常出店とイベント出店とでお店づくりに変化をつけている方も多くいます。

通常出店では「屋号」をかかげた暖簾やのぼりを立て、イベントでは「料理名」を書いたものに変えるなど、店頭から発信するメッセージに変化をつけると効果的です。

現場に合わせてのぼりも変える

通常出店の現場では、店名を覚えてもらうために「まほうのすうぷ屋」と書かれたのぼりを使う

イベント出店では、何を売ってるお店なのかがわかるように「タイ風レッドカレー」「タイ風ガパオごはん」と書かれたのぼりを使う

04

パッと見、ちょっと見、シズル感

●お客さんの立ち位置に合わせて情報を発信

①遠目からパッと見で何屋かが直感的にわかりやすいか？

②近づいてきた時にちょっと見てメニューの中身がわかりやすいか？

③さらに近づいて店頭に立った時にシズル感があるか？

「お店づくりをする時に、この3つを見るようにしている」と移動販売歴25年、「伍徳」の須藤さんは言います。

3つそれぞれに効果を発揮するツールがあります。まず、遠目から直感的にわかるように演出するためのツールは大看板、懸垂幕、のぼり、のれん、提灯など。細かなメニューが伝わる必要はありません。何を売っているお店なのかが、パッと見で直感的にわかることが大切です。

次に、お店に近づいてきた時に役立つのが、A看板などでつくられたウェルカムボードや、キッチンカーに貼るPOP類。お客さんが買うかどうかを決める前の段階なので、何を売っているのか、どんなメニューがあるのかが、店頭まで来なくてもちょっと見てわかるようにして、期待・関心を高めます。

最後に、店頭では「おいしそう！」という気持ちを最大限に感じてもらいます。そのために必要なのがシズル感。

鉄板で焼いている音や動き、鍋からよそう時の香り、調理パフォーマンスなど、最後に残しておいた工程をお客さんの前で魅せることの重要性をお伝えしましたが、そうした魅せ場は、シズル感の演出であるとも言えます。

また、新しい出店場所で初回購入のお客さんに「こんにちは」などと声を掛けるタイミングは、シズル感が伝わる距離に来た時、がちょうどいいでしょう。

お店がどう見えるか、3つの位置でチェック

焼き鳥「伍徳」、炭火焼き肉「ニュージーランド社」など数台が一緒にイベント出店した時ののぼり演出。扱っているアイテム名を大きく書いている

中間看板には「どんなメニューがあるのか」がわかるように載せる。ひと目でわかるよう、写真付き

「ニュージーランド社」の炭火焼き肉の“最強の看板”は、肉を焼く香りと煙、ジュージュー音というシズル感

05

賑わいをつくり出してお客さんを集めよう

●店頭の賑わいが一番の看板

「店頭にお客さんがいる状態」が、移動販売にとって何よりの看板です。

特にイベントでは、行列のできているお店にさらに人が並ぶ傾向があります。

通常出店でも、数人のお客さんが店頭にいる状態が次のお客さんを呼び寄せてくれます。特に、新たに出店したばかりの場所は初回購入のお客さんが多いので、その傾向が強くなります。

安全面や衛生面に不安を抱く人たちがまだ多く、初回購入の心理的なハードルが高い移動販売にとって、どんなキャッチコピーよりも、どんな店頭ポップよりも、「店頭に賑わいをつくる」ことが一番の看板になります。

魅せ場をつくってお客さんとコミュニケーションをとることで、店頭に賑わいをつくり出しましょう。

●「焼き続ける」ことでお客さんが来てくれる

「ポルポ行進曲」は開店してから閉店まで、たこ焼きを焼き続けています。お客さんが少ない時間は最少ロット（3人前）ですが、少ない数であっても焼き続けることを大切にしています。

「いつお客さんが来ても、焼きたてを買っていってもらえるように」というのが一番の理由ですが、賑わいをつくり出すための演出にもなります。鉄板に何もない状態で「焼きたてをお出ししますので、15分お待ちください」と言うと、多くのお客さんが「じゃあ、いいや」または「後でまた来る」という対応になりますが、目の前にもうすぐ焼き上がるたこ焼きがあると、そのまま待って焼きたてを買っていってくれます。

この「はじめの1人」に店頭にいてもらうことが、次のお客さんが来やすい雰囲気をつくり、店頭に活気と賑わいを生み出す第一歩となるのです。

人がいるところに人は集まってくる

〝焼き〟を魅せながらお客さんとコミュニケーションをとって賑わいをつくる「ハッピー na クレープ」

通常出店では、大きく派手な看板よりも、店頭に集うお客さんの賑わいが人の目を引く一番の看板

イベントでの長すぎる行列はNG。このように行列が伸びすぎてしまった場合は、間口を２つにする、整理券を配る、などの対策をとるのが望ましい

06

おいしい力にスピードを加える

おいしそうに見えて、実際においしいことが移動販売で繁盛を続けるための必要条件だとすると、その日の売上をつくるための十分条件が商品の提供スピードです。

●通常出店でのスピードの大切さ

ランチアイテムの販売時間は、1日に長くて3時間、場所によっては、ピークは30分程度ということもあります。その限られた時間の中で、今日1日の売上をつくらなければなりません。どんなにおいしくても、お客さん1人の提供時間に5分、10分かかっていては、移動販売という商売は成り立ちません。

軽食アイテムの場合、販売時間は長くなりますが、それでもお客さんが待つ環境がありません。

車内で商品を提供している自分たちよりも、お客さんのほうが過酷な環境で待っていることを忘れてはいけません。スピードは、移動販売がお客さんに向き合う上で、欠くことのできないサービスです。

ただし、スピードアップだけを重視し、魅せ場やお客さんとのコミュニケーションを後回しにすると、繁盛し続けることは難しいでしょう。

スピードだけを考えるなら、できたものを積み上げておくのが一番早いのですが、それでは料理を一番おいしい状態で提供できないし、移動販売の魅力も伝わりません。

●イベント出店でのスピードの大切さ

イベント出店では、イベント全体の成功が目的であって、そのために移動販売が役立っている、ということを考えなければなりません。ひとつの車に長い行列ができ、列が進まず、そこに人が滞留する、ということはイベント主催者・参加者にとって望ましいことではありませんから、そこでも、スピードは移動販売に求められる大切な能力となります。

提供スピードを上げる方法

1 作業工程の見直しと効率化

2 商品の提供間口を増やす

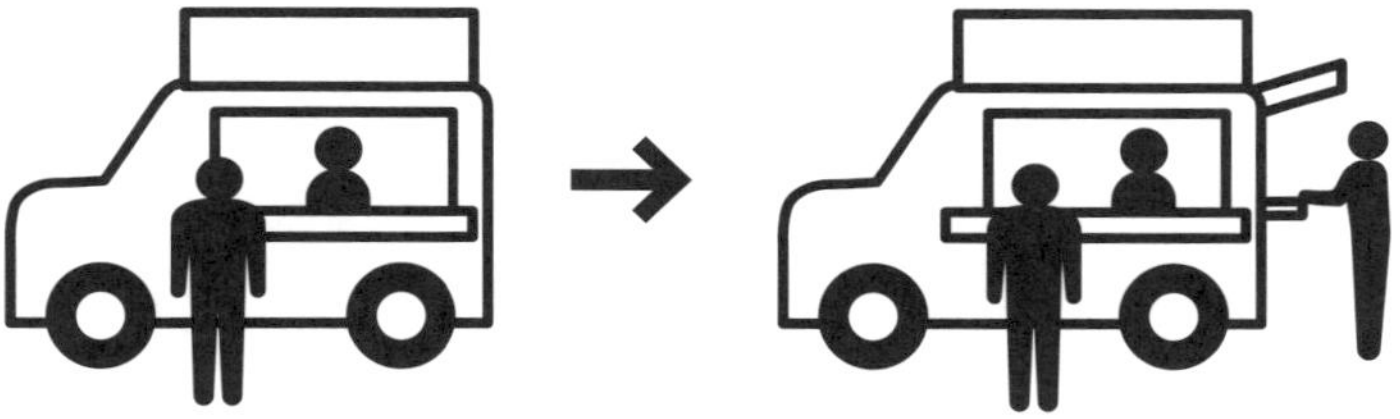

「量」への対応力も考慮する

イベント出店では、「スピード」に加え、「全部で何食提供できるのか？」という「量」への対応力も考慮する必要がある

- 通常出店で売り切れる ＝「完売」
- 10 時から 16 時までのイベントで、お昼前に売り切れる ＝「完売」ではなく「欠品」

イベントにおいて対応力のなさは、その日の売上を逃すだけでなく、次に呼んでもらえないことにもつながるため、どれくらい売れそうか、「数を読む力」も必要

07

毎日が新装開店。準備・撤収のしやすさも大切

●スムーズに開店できる工夫が大切

現場に着くたびに毎回ゼロからお店づくりをする移動販売は、出店ごとに開店と閉店を繰り返しているようなものです。どんなに凝った外装であっても、開店準備や撤収に時間かかるものは向きません。

特に通常出店だと、毎日のことになりますから、現場に着いてからスムーズに開店できる工夫が欠かせません。現地到着から15分〜30分で準備が完了し、速やかに営業をはじめられることが大切です。

イベントでは、外装のインパクトが売上に直結するので、規模が大きくなるほど外装づくりに時間をかける傾向がありますが、開業当初は、準備・撤収のしやすさが大切です。

●アイデア満載！　キッチンカーのお店づくり

キッチンカーのお店づくりはどこもアイデア満載。本来はキャンバスを立てるためのイーゼルを、看板を立てる道具として使っていたり、パイプラックの土台をバンパーに打ちつけてのぼりを立てるなど、キッチンカーの数だけ工夫があります。

日よけやメニューの背景として、雰囲気の出る「すだれ」や「よしず」を活用する移動販売は少なくありません。簡単に設置できることに加えて、丸めて運べるのも、多くの人が活用する理由でしょう。

ホームセンターや１００円ショップに行って、柔軟な発想で「お店づくり」に使えるものはないかと探してみましょう。いろいろな売り場を見て回ることで、意外な掘り出し物を発見できるかもしれません。

何より参考になるのは、同じ現場に一緒に出店する同業者のお店づくりです。

商品のレシピとは違って、秘密にしなければならないことがない部分なので、工夫を聞けば、先輩たちが教えてくれることでしょう。

自由な発想で道具を使おう

イーゼルを看板立てに転用。本来の用途とは違うものをうまく活用している

巨大な吸盤を車につけて、すだれをひっかけている。開店準備・撤収が短時間で終わる

08

各現場で自店を活かす現場対応力を磨こう

ひとつの場で自店なりの空間や環境をつくり上げていくのが固定店舗だとすると、その場その場の環境に自店を対応させていくのが移動販売と言えます。

毎週出店している固定の出店場所でも、1週間に4ヶ所を回っていれば、同じ環境の場所というのはひとつもなく、求められるスピードや売れ筋メニューも場所によって違います。

出店場所が複数あれば、各現場に柔軟に対応していくことが必要です。

ひとつのお店（キッチンカー）を持つことで、環境の違う複数の現場で商売ができるのは、移動販売の楽しさでもあるので、自店のコンセプトを守りながらも、その場その場の環境で求められているものを感じとって、それに対応していく力が大切です。

イベント出店にしても、まったく同じ環境でのイベントはないので、そのイベントにあわせて自店を対応させていくことが大切です。

今日の出店環境の中で自店をどう活かせるのか、その場で対応していくのが移動販売。その日の現場対応力が売上を大きく左右します。

● イベントの出店位置は、行ってみてはじめてわかる

特にイベント出店では、どんなお客さんが来るのか、どんな買い方をするのかは、行ってみないとわからないことが多く、自分の出店位置ですら行ってはじめてわかる、ということが多いものです。

それらがはっきりと決まっていないと気が済まないという人は、移動販売には向きません。

当日の変更も日常茶飯事。このようなイレギュラーな出来事を面白がるくらいのほうが、移動販売には向いています。

瞬間瞬間で自店を活かす、現場対応力を磨きましょう。

環境に合わせて出店する力をつけよう

「まほうのすうぷ屋」は、基本は（スペースがあれば）横出しのキッチンカー

都内のランチ現場などで、横出しができない場所では、後ろから出すスタイルでの営業になる。現在、通常出店で横から出せる現場は１ヶ所のみ

イベントの現場に着いてみたら、出店場所の傾斜が大きくて車が傾いてしまう、などということは日常茶飯事。このようなイレギュラーなことに対応していく力が求められる

Column

気づかずやってしまいがちな、現場のタブー

斡旋業者や紹介者を経由して出店した場所で、出店料を安くしたいがために、出店先に直接取引を持ちかけてはいけません。出店料を抑えたいのであれば、はじめから自分で営業をかけて自分の物件として獲得しましょう。

業者や人からの紹介を受けた買い取り出店で「直接自分に依頼をくれればもっと安くできますよ」などと持ちかけることも、同様にやってはいけません。

このようなことはよくある話で、斡旋業者と出店先の信頼関係ができ上がっている場合、「こないだ来た移動販売の○○さんがこんなこと言ってきたけど大丈夫？」「おたく、管理どうなってんの？」などと報告やクレームが入りがちです。

トラブルを避けるために、業者によっては出店先での名刺の交換さえ禁止しているところもありますが、基本的にはマナーの問題だと思います。

基本的に狭い業界なので、こうした話はすぐに広まってしまいます。開業直後で知り合いが少ない場合には、自分が知らないところで、同業者や斡旋業者に「あの人はそういうことをする人」と悪い評判が立つこともあります。

業界経験の長い人になると、親しい同業者から誘われて一緒に出店したイベントで「別のイベントにも来てくれない？」などと声を掛けられたら、「ココはあのカレー屋さんがとりまとめてるんで、あの人に話してみてください」と返したりします。

つながりを大切にすることで出店場所が増えていく人の、典型的な対応と言えるでしょう。

出店場所を育てよう！
ファンが増える
ちょっとしたコツ

Part 9

01

営業力とファンを増やす力

●営業力とファンを増やす力、いずれかが必要

「出店場所を獲る」行為が営業で、「お客さんがいる、売れる場所を獲得する力」が営業力であるとお伝えしました。

これに対して、「出店した場所にお客さんを連れてきたり、再来店してもらう力」はファンを増やす力と言えます。

もし、売れる場所をたくさん獲得できる営業力があるのであれば、その場にお客さんを連れてくる力が弱くてもやっていけますし、反対に、出店した場所にお客さんを連れてきて売れる場を創造していくことに長けていれば、売れる場所を次々と獲得していく営業力がさほどなくてもいいことになります。

自店のファンを増やすことが得意で繁盛している人もいれば、売れる場所をどんどん獲得することで成長していく人もいます。

●イベントなら営業力、通常出店ならファンを増やす力が大切

どちらに力を入れていくべきかは、選んだアイテム、出店スタイルによって変わりますが、概ね、イベント出店を中心に活動する場合は営業力が大切で、通常出店が中心の場合にはファンを増やす力が大切、と言えるでしょう。

今より、今年より売れる現場を獲得していくことで商売を成長させていく人もいれば、今出店している現場でファンを増やして商売を立ち上げていく人もいるのが移動販売です。

お客さんがいる場所を獲得すること、出店した場所でお客さんを創っていって売れる場所に育てること、やってみると、どちらも楽しい移動販売の可能性です。

どちらか一方に寄るのではなく、この幅を生きられるのも移動販売の魅力かもしれません。

営業力とファンを増やす力の相関関係

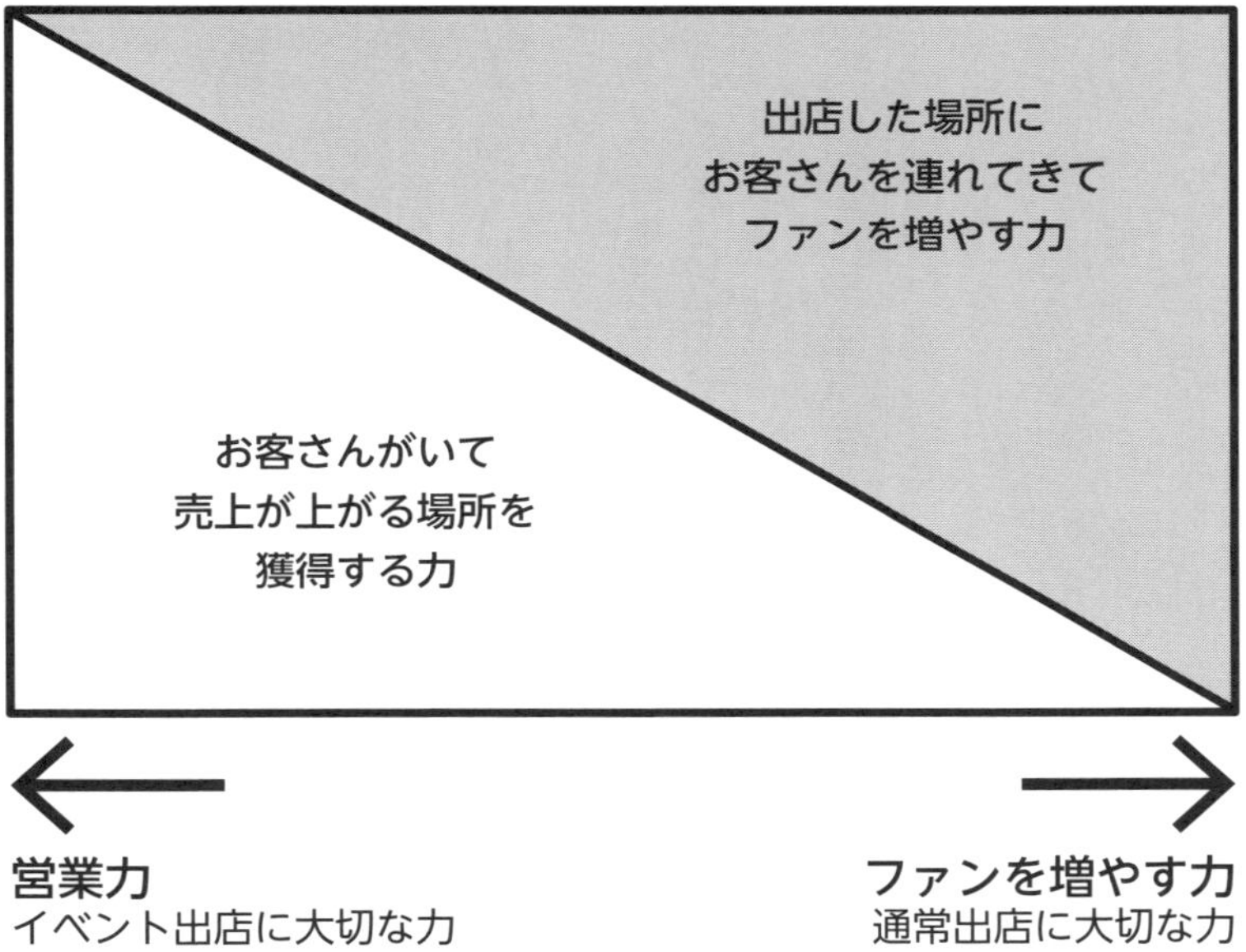

「お客さんがいる場所を獲得する（売れる場所に行く）こと」と「その場所でお客さんをつくっていく（ファンを増やし売れる場所に育てる）こと」、やってみると、どちらも楽しい移動販売の可能性。どちらかに寄るというのではなく、この幅を生きられるのも移動販売の魅力

02

出店予定の日には必ず行く

●悪天候でも出店日には必ずいることが信用を得る

見栄えのいいキッチンカーや、立派なホームページをつくる以前に、いるべき日に必ずいる、行くべき日に必ず行くということが、お客さんを呼び込むのに不可欠な要素です。

当たり前のことのようでいて、やり通すのは簡単ではありません。売上が天候の影響を受けることが多いために、強風や強雨の時は「どうせ今日は行っても売れないから……」と、出店意欲が下がりがちです。悪天候だと準備や後片づけが大変になるのも、モチベーションを下げる要因となります。

それでも、決められた出店日に必ずいることは、お客さんから信用を得る第一歩です。

売上を上げるためにさまざまな集客法やツールを駆使したところで、いるべき日に出店していないことが一度でもあれば、「行ってもどうせいないだろう」と思われ、来店の機会を逃すことになりかねません。

いるべき日に出店することと同時に、長く出店してその場所を育てることも欠かせません。ポイントカードなどを導入する際も、いるべき日にいることと、一定期間はその場所で営業を続けて場所を育てていくということが前提です。週1回、3ヶ月ほど出店して違う場所に移ってしまうようなら、ポイントカードの導入など無意味です。

●イベントでは、出店基準を事前に決めておく

イベント出店の場合は、「どんな状況になったら出店しないのか」をあらかじめ決めておきましょう。

雨が降って売れないことがわかっていても、そうした決めごとがなく、イベント自体が「雨天決行」であれば、「行く」ことが原則です。必ず行くということが、出店依頼者やイベント主催者からの信用につながります。

悪天候でも予定通りに出店する

5月予定

月	火	水	木	金	土	日
A町 ランチ	B学校 ランチ	休	C町 ランチ	D工場 ランチ	E町 祭り	E町 祭り
A町 ランチ	B学校 ランチ	休	C町 ランチ	D工場 ランチ	休	休

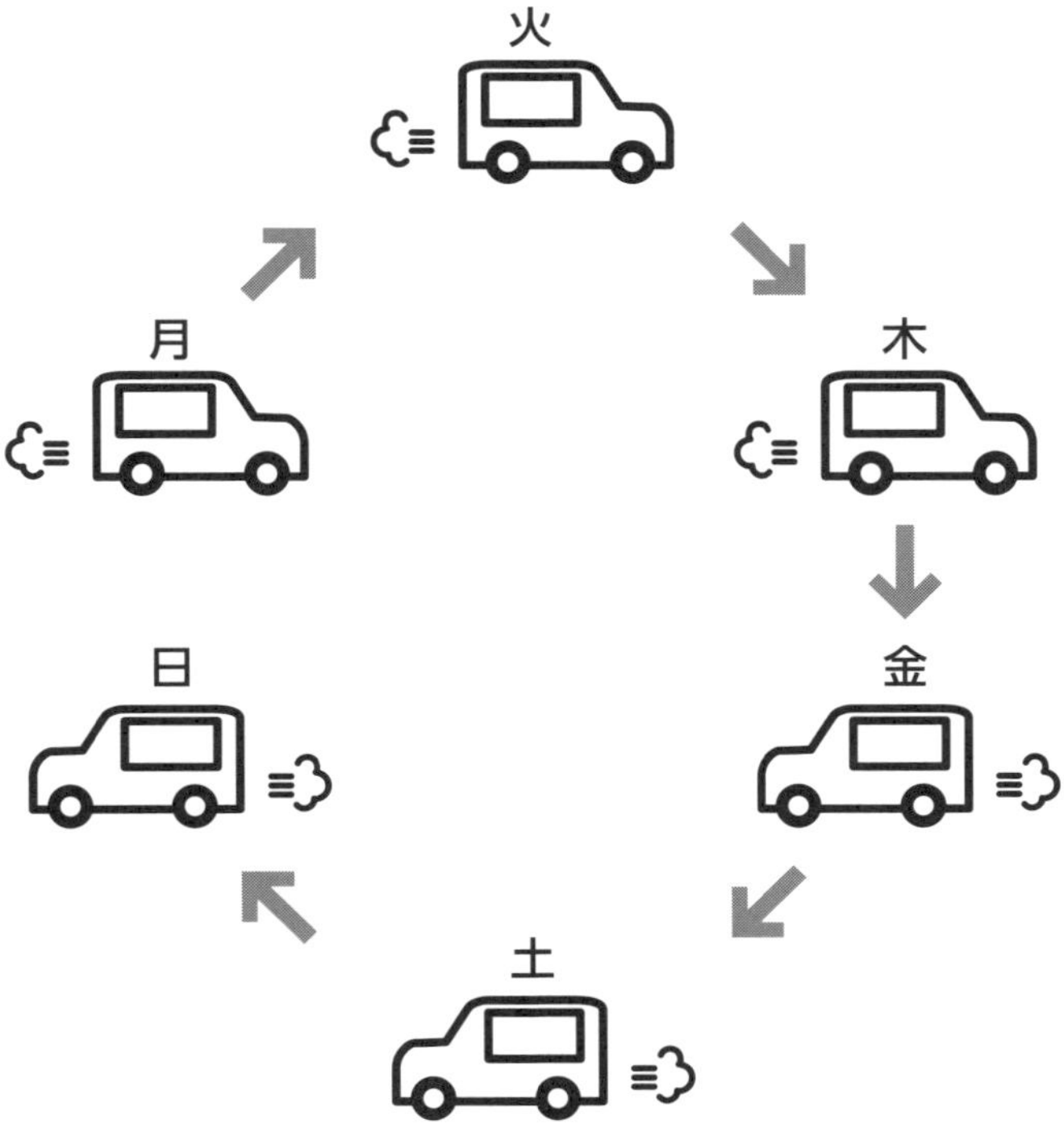

03

自店の居場所をお客さんに伝えよう

●「せっかく来たのに出店していない」のは大きな損失

自店の出店日、出店場所は複数の方法で伝えていきましょう。

今日、どこに出店しているのかを正確に伝えることは、お客さんの来店を促すためにとても大切なことであるのは当然ですが、同時に、せっかく来店してくれたお客さんに商品を買ってもらえず売上を失ったり、お客さんをガッカリさせて信頼を失うようなことを減らしていくためにも大切な取り組みです。

毎日同じ場所に出店しているのでない限り、「おいしいからまた買いにきたのに、今日はいなかった」ということが起こりがちです。

出店した日の「売れた・売れない」は身に沁みて感じるものですが、自分がいない時のことに関しては、なかなか実感を持つことができません。

「今日は出店しているかいないかわからないから、行かなかった」

「今日は出店してると思って行ってみたけど、いなかった」

いずれも売上のロスと同時に、お客さんとの信頼関係のロスでもあります。

いつ、どこに出店しているかを正確に伝えることは、来店を促すだけでなく、自店を大好きなお客さんたちに「今日はそこにいない」ということをちゃんと伝え、信頼をつないでいくことでもあります。

自店を好きになってくれたお客さんを大切にしていくためにも、「今日、どこにいるのか」をひとつの方法だけでなく、いろいろなツールや媒体を使って伝えていきましょう。

子供が多い現場ではウェブ媒体のツールは届きにくいので、お客さんとの対面でのコミュニケーションを通して伝えることも大切です。

出店スケジュールを伝えることがロスを防ぐ

**出店した日にどれだけ売れた・売れなかったか、
はっきりわかる**

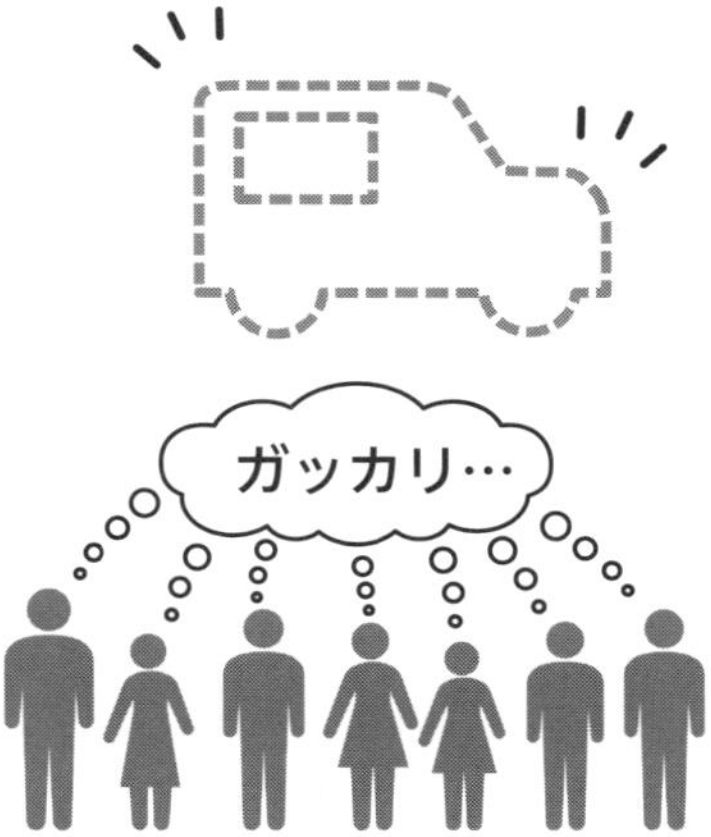

**出店しなかった時にどれだけの人が
来てくれたかはわからない
＝
売上のロス・信頼のロス**

04

自店の出店場所、出店日を伝える方法

●店頭看板、POPで知らせる

出店日カレンダーなどをつくって店頭に貼っておくと、携帯電話で写真を撮っていってくれるお客さんがたくさんいます。自店がいない時に来店することのないよう、お客さんたちにどれだけ出店スケジュールを正確に伝えられるかがポイントです。

●カレンダーを配る

今月の出店スケジュールを書き込んだカレンダーやニュースレターを店頭に置いておくと、出店日を知りたいお客さんが持っていってくれます。

スケジュールを持ち歩いてほしい場合は、財布に入る名刺サイズのカレンダーをつくって置いておくとよいでしょう。

毎月第3週までに翌月分のカレンダーができているのが望ましい状態です。

●本日の出店場所をお知らせする電話

リーフレット、ショップカード、名刺などに店舗用携帯電話の番号を入れておくと、本日出店しているかどうかの確認と、予約注文などを受けることができます。月間スケジュールを配っても、出店場所が変わる可能性が高い場合には、当日の電話確認をできるようにしておきましょう。カレンダーを見て来たのにいない、というのでは最悪です。

現場での携帯電話はかかってきても受けられない場合も多いので、事務所や仕込み場所などの固定電話で当日の確認ができるようにするのもお勧めです。

特別なシステムは必要ありません。出発前に本日の出店場所と出店時間を留守番電話に録音しておくだけです。お客さんにとっても「忙しい時に電話をかけたら悪いかな」などと気を遣わなくて済むというメリットもあります。

出店場所、出店日を伝えるツール

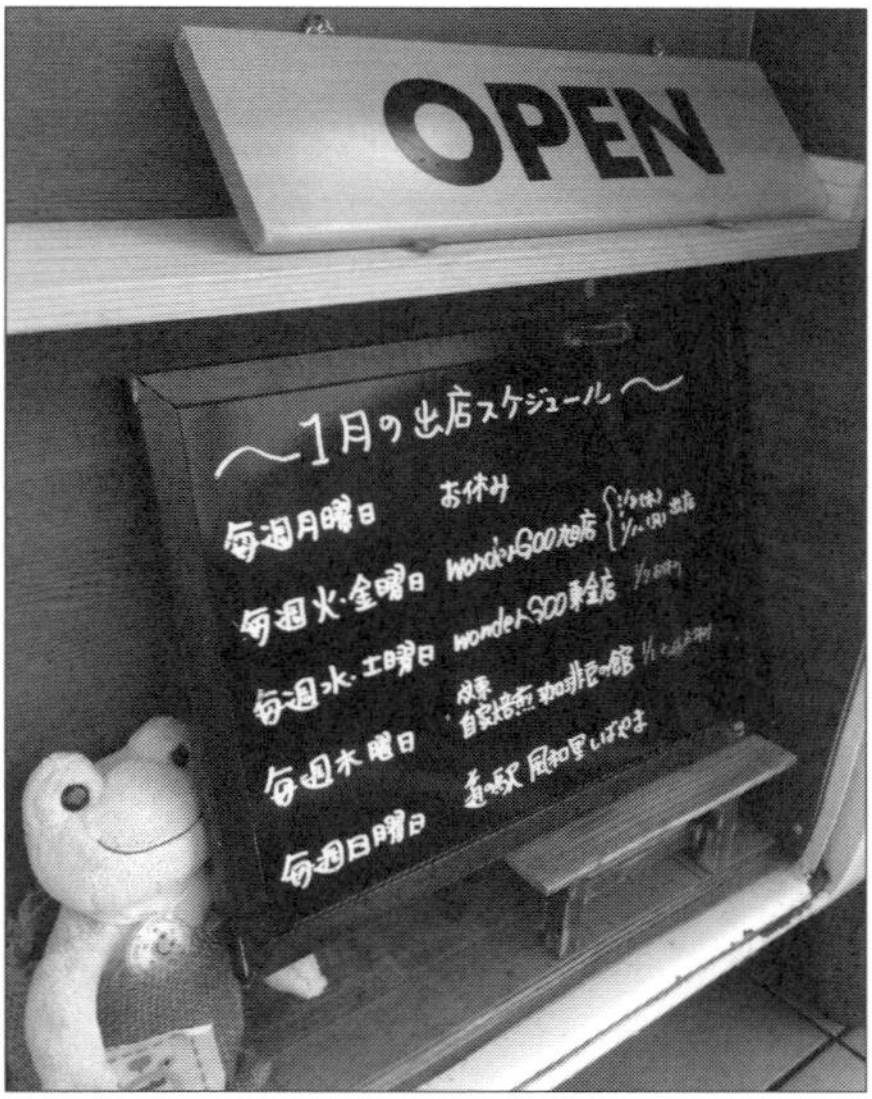

出店日を知らせる店頭ボード

表

裏

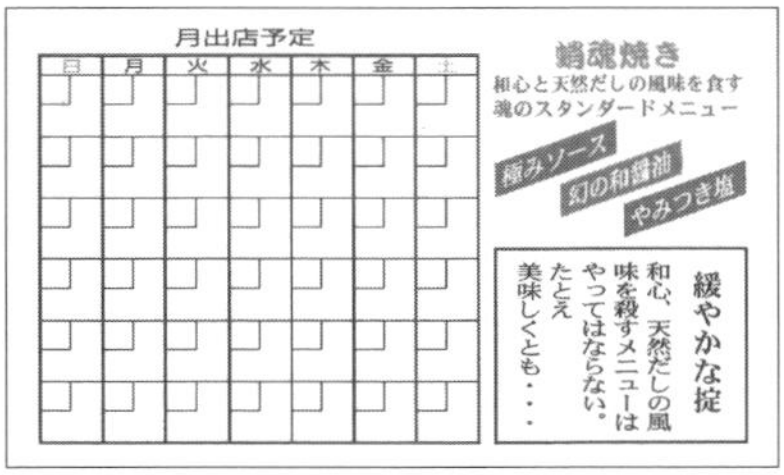

裏がカレンダーになっているショップカード

今日の出店場所を留守電で確認してくれたお客様対象の割引券

05

お客さんとの関係を深めるちょっとしたサービス

●遠方のイベントに出店したら、お土産を買ってくる

イベントに出店することがほとんどない、たこ焼きの移動販売「春夏冬《あきない》」は、仲間と一緒に営業できるイベントに誘われた時には出店することもあります。

そんな時は、出店した先で、その土地ならではのお菓子を買ってくるのだと言います。

いつもの出店場所に帰った時、小分けになったひとつをお客さんにお土産としてあげるのだそう。

そして、たこ焼きが焼き上がるのを待っていてくれる常連さんとは、さらに土産話で盛り上がります。

通常出店型の春夏冬にとって、イベント出店することで、自分を待っていてくれるお客さんがいる場所に穴をあけてしまうことはマイナス要素ですが、イベントに行ったからできるちょっとしたお土産のサービスと土産話を持ち帰ることは、普段のお客さんとの関係をより深めることにもつながっています。

●喜んでほしい気持ちをカタチにしよう

「まほうのすうぷ屋」は、お店の周年記念を迎えるたびに、来店してくれたお客さんにちょっとしたお菓子やケーキを「おまけ」としてプレゼントしています。

おまけをつけるサービス自体は珍しいことではありませんが、特徴的なのは、おまけを今日の売上を上げる手段として使っているわけではない、ということです。このおまけは販促品ではないのです。

「おまけがあるからお店に来る人」に買ってほしいのではなく、これまでお店を支えてきてくれたお客さんへの感謝を伝えたい、そのためのおまけです。

そのおまけ＝感謝の気持ちを受け取ったお客さんが、さらにファンになってくれて、すうぷ屋の料理を食べ続けてくれることで、またお店を支えていってくれています。

お金をかけないサービスでも、喜んでもらえる

記念日に来店してくれたお客さんに、お菓子などのおまけをサービス

寒い日に待ってくれるお客さんに、温めておいた缶のお茶をサービス

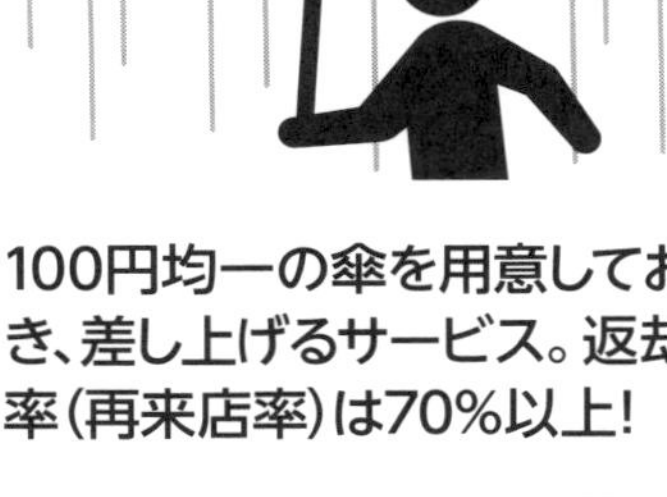

100円均一の傘を用意しておき、差し上げるサービス。返却率(再来店率)は70%以上!

06 ホームページとブログは「誰に向けて」を明快に

ここに行けばいつでもいる、という固定の拠点を持たない移動販売においては、ホームページやブログは、自分たちの存在をいつでも知らせることのできるとても有効なツールです。

●誰に向けたメッセージかを明快に

ブログでは主に現場で自店の商品を買って食べてくれるお客さんに向けたメッセージを書いていきます。自分の想いや現場で感じた感謝の気持ちなどを伝えることで、お客さんとの関係が深まっていくのです。

これに対して、ホームページは主に出店依頼を受けるためのツールと考えるといいでしょう。つまり、クライアントや出店先に向けたメッセージを書く場とするのです。外部に向けて、自店がつくれるアイテム、提供できる量など「できること」を伝えることで、自分に合う仕事を受けることができます。

実際には、ブログ経由で出店依頼がくることも、現場のお客さんがホームページを見てコンセプトに共鳴してくれることも多いものですが、「どんな人たちに見てほしいのか」を明快にすることが大切です。お客さん向けに発信するなら、「最高売上達成！」といった記述はふさわしくないですし、クライアント向けなら「今日は忘れ物しちゃいました……」と書くのはNGです。

「まほうのすうぷ屋」の村井さんも、ブログでお客さんとの関係をつないでいる移動販売の1人です。

内容は現場でのお客さんとのやり取りや日々の生活の中での雑感など。このブログを通して、村井さんのお客さんに対する感謝の気持ちや料理に対する愛情が伝わってきます。そして、毎朝、その日のメニューを紹介してから現場に向かいます。毎週、まほうのすうぷ屋の料理を食べるのを楽しみにしているお客さんたちは、本日のメニューをブログでチェックしてから来店してくれることも多いそうです。

ホームページとブログの活用例

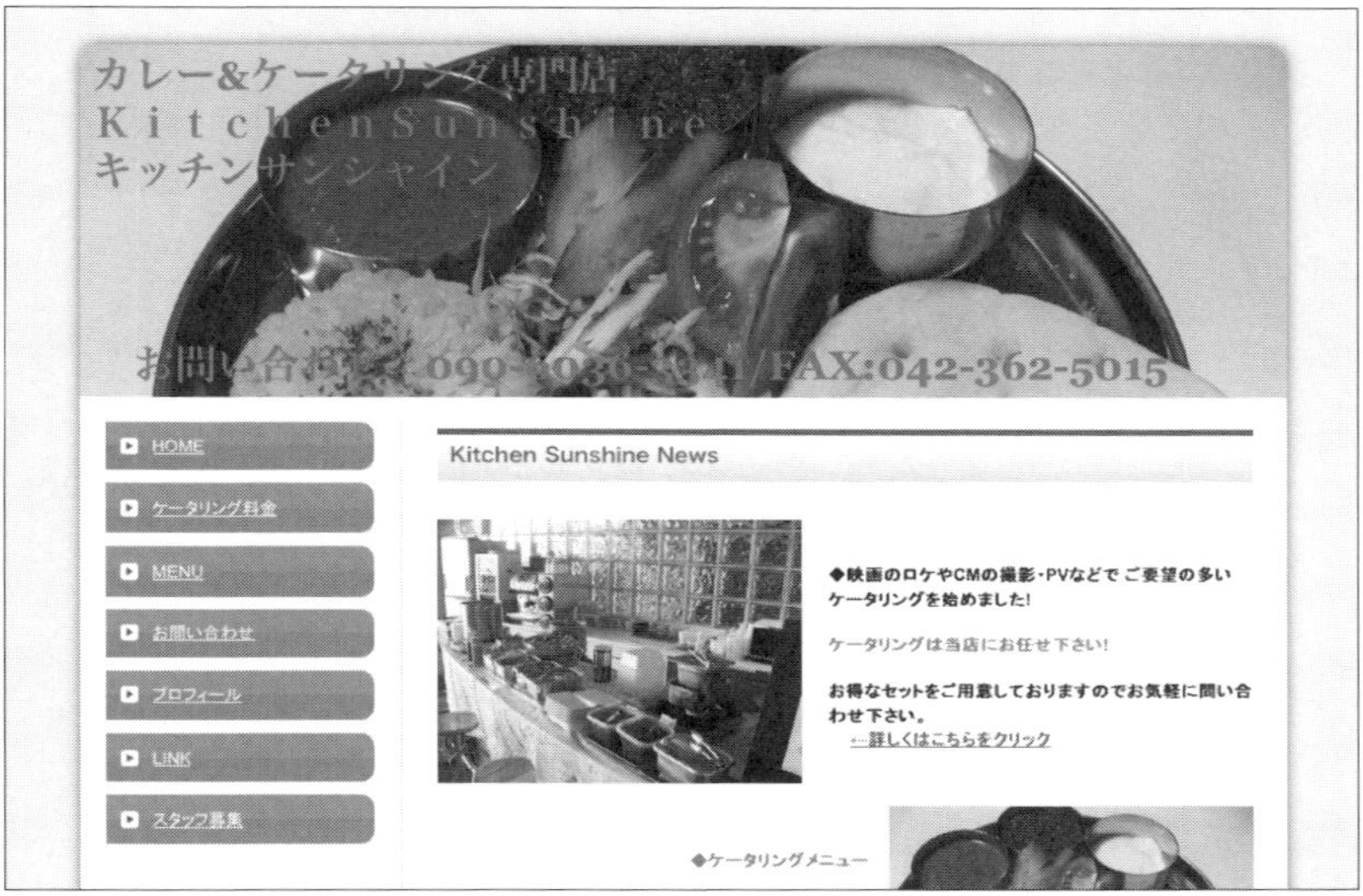

クライアントから仕事の依頼を受ける窓口になっている「キッチンサンシャイン」のホームページ
http://kitchensunshine.jimdo.com/

お客さんに向けて、自店の料理や自身の人柄を伝えている「まほうのすうぷ屋」のブログ
http://blog.goo.ne.jp/soupya

Column

移動販売の社会的役割

「お店がそのまま動いて温かい料理を提供できる」という移動販売の機動力を社会的に役立てたいと考える人や、役立てようとするグループもあります。

- 「必要とされる人たちの元へ動いていけるという、移動販売の機動力」を社会的に役立てる
- この仕事に従事する人たちの社会的な地位の向上と、キッチンカーが活躍する機会を広げる

ことなどをめざして活動を続けています。

東日本大震災は、このような動きを活発化させるきっかけになりました。

震災後、多くのキッチンカーが被災地に向かいました。自衛隊のような救援活動はできませんが、ひと通りの救援活動の後に、企業・個人・NPOを問わず、「今、移動販売にできることはないのか？」と、つくりたての温かい食事を届けに多くのキッチンカーが現地に走ったのです。

その時に、たくさんの問題や自分たちの力の限界を感じて帰ってきた人は多かったと思いますが、その後の「移動販売の機動力を社会に役立てる動き」をつくるきっかけになったことは間違いありません。

現在では、自治体や企業・大学などと連携し、災害支援にキッチンカーを役立てようとする取り組みも出てきています。

機動力を活かし、老人ホームなど、あちらからはなかなか来られない福祉施設への出店を積極的に広げているキッチンカーもいます。大きな売上ではありませんが、ボランティアではなく、普通に販売をします。食べ物を届けるのではなく、「お店で買い物をするという体験」が喜ばれているのです。

移動販売の可能性を社会に役立てようとする活動は、業界全体の認知やイメージ、地位の向上に役立ちます。そしてそれは最終的に移動販売の活躍の場を広げることにつながるのです。

売上が伸び悩んだらどうする？リニューアルのヒント

Part 10

01

リニューアル1
お店づくりと魅せ場を変える

●お店づくりを変える

同じアイテムを同じ現場で扱っているのに、お店によって売上が何倍も違うということは珍しくありません。初出店のイベントでは、おいしい、おいしくないの差はないので、売り方、魅せ方の差によります。看板・写真など外装部分に、わかりやすくておいしそうなポイントをつくれないか考えてみましょう。

イベント出店では、その日を勝ち抜くために遠目からでも何屋なのかがわかりやすくインパクトを持って伝わっているか？

通常出店では近づくほどに自店の世界観を表現し、出店日などを含め、次につながるメッセージをちゃんと伝えているか？

ちょっとした外装の変化で売上が何十％も変わることも珍しくありません。

特に、開業直後やイベント出店では、自店のことを誰も知らない状態ですから、わかりやすい打ち出しで売上は変わります。

●魅せ場を変える

実演のような魅せ場が弱い、またはない場合は、もっとお客さんに喜んでもらえる魅せ場をつくれないかを考えてみましょう。

天板上での炙りやフランベがお客さんを魅了している「炙り屋」は、「ぼくのメニューはショーとしての料理だ」と言います。

「炙り屋」のメニューは、「炙りシメサバ」や「舌平目のソテー」など、一見すると「何屋かわかりにくい」お店です。そもそも仕込みに時間をかけたとてもおいしい料理なのですが、その工程やこだわりはお客さんには見えません。この、現場で魅せる〝ショー〟があることによって、わかりにくい料理の魅力がお客さんに伝わっています。

お店づくりを変える

「ショコラブランカフェ」開業時の外装と８ヶ月後の外装。出店する中で、メニューがわかりやすく伝わる店づくりに変わり、イベントなどで初回のお客さんにも伝わりやすくなった。イベントだと、外装を変えることで売上が倍になることも珍しくない。「完成型」はなく、お客さんと日々向き合う中で外装は変化していく

魅せ場を変える

仕込んできた肉をフライパンで煽るスパイシーな香りが漂う「オーロラカフェ」のランチ現場。「開業当初はやっていなかった『チキンオーバーライス』を導入し、魅せ場をつくることで手応えが変わった現場がある」そう。仕込んできたものを「お客さんの前で盛る」のではなく、その一歩手前の「お客さんの前で焼く」ことで、できたて感やシズル感がより伝わる

02

リニューアル2 現場の需要、季節の変化に合わせて商品を変える

●現場の需要に応えてメニュー構成を変える

5年以上にわたって出店し続けている場所で、まだお客さんが増え続けている「まほうのすうぷ屋」は、当初はスープとパンをメインに開業しました。

その「まほうのすうぷ屋」が、今のように多くのファンに囲まれるようになったきっかけのひとつが、ランチ現場の需要に応える形で「ライス」を取り入れたことです。

ランチ現場では、パンとライスなら圧倒的にライスの需要が多いというのが一般的な傾向です。

「まほうのすうぷ屋」自身にも、「おいしいものをお腹いっぱい食べてほしい」という気持ちがもともとあり、その想いと、出店場所の需要と、お店のコンセプトがここで重なり合いました。

ライスの導入に伴い、ライスに合うスープや、ライスのおかずになる一品など、メニュー構成も変化をしていきました。今、ライスとパンの比率は8対2～9対1だそうです。

●季節の変化に合わせて主力商品を変える

「和の甘味処」として開業した「sweets 和甘」。当初は餡蜜などの甘味をメインにしていましたが、商売が軌道に乗るひとつのきっかけになったのが、冬に強いアイテムとしてたい焼きを導入したことでした。

夏は甘味屋さんのつくるおいしいかき氷がメイン、冬は甘味処のたい焼きをメインアイテムに、お客さんに支持されています。

この2つはいずれも季節がはっきりしたアイテム。たい焼きを秋～春にかけてのメインアイテムとしたことが、年間を通して売上をつくっていくきっかけになりました。ポイントは「和」と「甘味」という自店の一番大切にしているこだわりやコンセプトを外さなかったことです。

たい焼きとかき氷、2つのメインアイテムで季節需要に応える

秋〜春

夏

餡蜜などの甘味屋さんとして開業した「sweets 和甘」。移動販売にマッチする「たい焼き」をはじめたことが軌道に乗るひとつの契機となった。たい焼きは冬アイテムのため、夏は和の甘味処がつくる手削りの本格かき氷屋さんとして業態を変えている。「和の甘味処」というコンセプトを外さないのがポイント

03

リニューアル3
現場の需要に合わせて主力商品を増やす

主力商品を増やして現場ごとの需要に応える

クレープ専門店で開業した「シード」は、地元で通常出店の現場を獲得するのに苦労し、当初、売上が伸び悩んでいました。

浮上のきっかけになったのは、とてもおいしい焼きそばソースとの出会い。「このソースはおいしい！」と惚れ込み、焼きそばを主力アイテムに加えました。あくまでひと現場はどちらか一品の専門店です。場所によってクレープのお店、焼きそばのお店と2つの業態を持つことにしたのです。

もう一品を持ったことで、主に次の2つの変化が生まれました。

①異なるタイプの商品を持ったことで、出店依頼を受ける幅が広がった。

②焼きそばというアイテムを持ったことで、大きい現場でより大きな売上がとれるようになった。

「クレープと焼きそば」という組み合わせを固定店舗でやってしまったら、何屋なのかわからなくなるので、絶対にやってはいけないパターンです。

しかし移動販売なら、出店場所やイベントによって対応するお客さんの層が違いますから、現場ごとにまったく違うお店になることができるのです。

お客さんから見て一貫性があるか？

注意するポイントは、一貫性を欠くようなアイテムを持つ時は、お客さんが各現場でかぶっていないことが原則です。

今回のクレープと焼きそばのように、一貫性が伝わりにくいアイテムを「同じ現場でやる」のは移動販売でもNGです。一貫性がわかりにくい組み合わせは、たとえどちらも手間をかけたおいしい料理だったとしても、そのこだわりがお客さんに伝わりにくくなってしまいます。各現場で専門性を保つことが大切です。

ある時はクレープ屋、ある時は焼きそば屋

イベント出店や買い取り出店を中心に活動する場合、出店場所やクライアントの要望に合わせていくつか異なる種類のアイテムを、自店の主力アイテムとして持っていることが多い。仕事を受ける幅を広げて出店の機会を増やす、というクライアント向けのアイテムの増やし方。実店舗であれば一緒に提供しづらい組み合わせでも、移動販売の場合、現場が変わればまったく違うお店になれるので問題ない

04

リニューアル4

同業者、人とのつながりを広げる

自分で獲得した場所をメインに、いつも自分だけが出店している状況で売上が伸び悩んでいる時は、積極的にイベントに出店してみるのもいいと思います。

出店する目的は、当日の売上だけでなく、同業者とのつながりを広げることです。

今は多くの方が、イベント出店を通してつながりを広げ、そのつながりから、新たなイベント出店の誘いや新しい出店場所の紹介を受けています。

その中で、どこかの出店機会が自店のコンセプトとぴったりと合った時に、商売は一気に上昇気流に乗ります。

出店場所の多くは、人とのつながりから入ってきます。

雑貨とカフェの移動販売、「Tスタイル」高井さんの商売が立ち上がったのも、やはりイベント出店を通して人のつながりを広げていったことが大きかったと言います。

同業者とのつながりをどう増やすか

ターニングポイントとなったのは、ある移動販売コミュニティの忘年会に出席したこと。そこで一気に同業者のつながりが増え、出店場所が広がり、その中から自店のコンセプトに合う出店場所に出会うことができました。

開業当初はフェイスブックなどのSNSを、同業者とのつながりを広げるきっかけに活用するのもいいと思います。現状のところ、移動販売業界でのSNSは、お客さんとの交流より同業者同士の交流に活用されていることが多いのではないでしょうか。

ただそれも、知り合いになっただけで仕事が増えるわけではありません。仕事につなげるには、出店現場で会って、商品を知ってもらい、自店の商売をわかってもらうことが大切です。現場で一緒に営業した経験が信用となり、次の仕事に活きていきます。

出店機会を増やすのは、何といっても同業者とのつながり

雑貨とカフェの移動販売、ザッカフェ「Tスタイル」の高井さん。人のつながりの広がりとともに、出店場所と出店機会が増えていった

著者略歴

平山晋（ひらやま すすむ）

キッチンカーズライフ・アイドゥ代表、蛸魂《たっこん》焼き（たこ焼き）専門移動販売店主
国学院大学卒業。移動販売チェーン本部勤務などを経て、よりよい開業のために、移動販売をありのまま、適正に伝えることを目的にアイドゥネットを立ち上げる。「志」に共感する多くの仲間たちの協力により、移動販売業界初の「分かち合い型学びの場」である「移動販売リアル体験ゼミ」を主催。毎月1～2回のペースで開催しているゼミの参加者は600人を超え、ゼミに通って開業した人の多くは、自分らしさを表現する小さな手づくり料理の移動販売としてお客さんに喜ばれている。移動販売の中でもキッチンカーで料理をつくって販売する人たちを「キッチンカーズ」とよび、キッチンカーズが行って提供するつくりたての料理を、外食でも中食でも内食でもない、新しい食のスタイル「くる食」と提唱している。

■キッチンカーズライフ・アイドゥ ホームページ
http://kurusyoku.jp/

小さな人気店をつくる！ 移動販売のはじめ方

平成27年 3月30日 初版発行
令和 6年 5月15日 14刷発行

著 者 ―― 平山 晋

発行者 ―― 中島豊彦

発行所 ―― 同文舘出版株式会社

東京都千代田区神田神保町 1-41 〒101-0051
電話 営業 03（3294）1801 編集 03（3294）1802
振替 00100-8-42935
https://www.dobunkan.co.jp/

ISBN978-4-495-53001-3
印刷／製本：三美印刷
Printed in Japan 2015